EL
FUTURO
DE LA
ARQUITECTURA
EN
100
EDIFICIOS

MARC KUSHNER

EDICIÓN DE JENNIFER KRICHELS

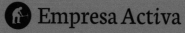

Empresa Activa

Argentina – Chile – Colombia – España
Estados Unidos – México – Perú – Uruguay – Venezuela

Título original: *The Future of Architecture in 100 Buildings*
Editor original: TED Books – Simon & Schuster, Inc., New York
Traducción: Daniel Menezo García

TED, the TED logo, and TED Books are trademarks of TED Conferences, LLC.

1.ª edición Enero 2016

Copyright © 2015 by Mark Kushner
All Rights Reserved
© 2016 de la traducción *by* Daniel Menezo García
© 2016 *by* Ediciones Urano, S.A.U.
Aribau, 142, pral. – 08036 Barcelona
www.empresaactiva.com
www.edicionesurano.com

ISBN: 978-84-92921-42-3
E-ISBN: 978-84-9944-951-7
Depósito legal: B-27.489-2015

Fotocomposición: Ediciones Urano, S.A.U.

Impreso por: MACROLIBROS, S.L.
Polígono Industrial de Argales – Vázquez de Menchaca, 9 – 47008 Valladolid

Impreso en España – *Printed in Spain*

UBICACIONES EXTREMAS

2

4

4

6

8

9

11

11

12

13

REINVENCIONES

16

17

18

18

21

23

23

24

24

27

28

29

31

EDIFICIOS SALUDABLES

34

36

37

38

40

41

43

43

ÍNDICE

DESPLEGABLES

45   46   46   47   48

CAMALEONES

52   54   55   56   58

58   60   62   63   64

66   67   69   69

70   71   72   74   75

EN RUTA

77   77   78   80

80

81

82

EDIFICIOS INSPIRADOS EN LA NATURALEZA

87

87

89

90

91

92

94

94

97

97

100

REFUGIOS FRENTE A LA TORMENTA

102

103

104

106

109

109

110

MINIMALISTAS

112

114

114

115

116

CATALIZADORES URBANOS

117

120

121

123

123

ÍNDICE

124

126

126

128

129

130

131

132

133

135

HACIA EL FUTURO

135

137

137

141

141

142

143

144

144

146

148

149

150

150

152

155

EL
FUTURO
DE LA
ARQUITECTURA
EN
100
EDIFICIOS

Introducción

Este libro pretende que le pidas más a la arquitectura.

Vives en una casa, trabajas en una oficina, envías a tus hijos a una escuela. Estos lugares no son solamente el trasfondo de tu vida, sino que le dan forma: definen con quién te encuentras, qué ves y cómo lo ves.

La arquitectura incide en tus sentimientos todos los días; es lógico que así sea, teniendo en cuenta cuánto tiempo pasamos dentro de diversos edificios. Por ejemplo, el estadounidense medio pasa un 90 por ciento del tiempo entre cuatro paredes, y, sin embargo, muchos de nuestros edificios nos privan de luz natural, nos resguardan con techos bajos y pasan por alto nuestras necesidades personales, sociales y ecológicas.

No tiene por qué ser así. Podemos dominar esta fuerza poderosa; lo único que hace falta es pedir más a nuestros edificios.

Esta revolución arquitectónica ya está aquí. Hoy día al ciudadano medio le cuesta menos tener una opinión sobre la arquitectura que a una persona de cualquier época pasada, sobre todo gracias al diálogo posibilitado por los medios sociales. Los 1.750 millones de teléfonos inteligentes vendidos por todo el mundo transforman fundamentalmente nuestra manera de consumir la arquitectura, convirtiéndonos a todos en fotógrafos de edificios. Las fotografías compartidas en los medios sociales liberan a los edificios de su ubicación geográfica, haciendo posible que cada vez los conozcan más personas. En la actualidad nuestra forma de experimentar la arquitectura goza de una inmediatez sin precedentes, y este fenómeno alienta el diálogo universal sobre los edificios y sobre el impacto que tienen en nuestras vidas.

Esta revolución de las comunicaciones permite que nos sintamos a gusto emitiendo juicios sobre el entorno edificado que tenemos a nuestro alrededor, aunque ese juicio no sea más que un «¡Madre mía, cómo me gusta!» o «Este sitio me da mal rollo». Esta retroalimentación aleja paulatinamente la arquitectura del terreno exclusivo de los expertos y de los críticos, transfiriendo el poder a aquellas personas que realmente importan: los usuarios cotidianos. Ya hemos empezado a comentar públicamente si nos gusta o no un edificio determinado. Los arquitectos pueden escuchar nuestras opiniones en tiempo real, y esto les ha permitido (y en ocasiones incluso les ha obligado) a buscar soluciones que se ajusten a los problemas sociales y ecológicos más acuciantes de nuestros tiempos.

En este mundo nuevo, en el que la gente exige más a sus edificios, los arquitectos ya no están obligados a usar un estilo determinado en un momento concreto. La gente no quiere que su biblioteca pública de Seattle tenga la misma pinta que la de su abuela en Nueva Jersey. Ni siquiera los historiadores de la arquitectura saben muy bien lo que está pasando ahora mismo, porque todo cambia a un ritmo frenético. De hecho, nunca más volverán a saber qué está pasando, porque el futuro de la arquitectura nos lleva a un torbellino vertiginoso de experimentación y a reevaluar costumbres que estaban muy arraigadas.

Este libro entiende que el público forma parte integral de la arquitectura. Las preguntas que planteemos sobre los edificios, y a los arquitectos, crearán un futuro nuevo, que será muy diferente al mundo que conocemos hoy. Algunas de las preguntas que plantea este libro pueden parecer absurdas, como «¿y si tu casa la construyera una vaca?», «¿se puede nadar en aguas fecales?» o «¿podemos vivir en la luna?». Pero es que hace doscientos años era una locura preguntar «¿viviré en el cielo?» o «¿Tendré que ponerme un jersey en verano?». Ahora que los ascensores y el aire acondicionado nos permiten vivir en las nubes y resfriarnos en plena ola de calor, debemos formular preguntas más complejas e imaginativas.

Los arquitectos tienen el *saber hacer,* los conocimientos suficientes, para diseñar edificios que sean más ecológicos, inteligentes y acogedores, y ahora el público tiene voz y voto en este proceso. Mediante cien ejemplos, este libro es un manual básico que os enseñará a ti y al resto del mundo a exigir mejores edificios.

Cómo hemos elegido los ejemplos

Los más de cien proyectos contenidos en este libro son una recopilación acientífica y totalmente subjetiva de los progresos más interesantes e importantes que tienen lugar hoy en día en el terreno de la arquitectura. Representan a todos los continentes del mundo y ejemplifican diversos métodos de construcción. Hay edificios grandes y pequeños, conceptuales y específicos. Primero hicimos una criba entre más de cinco mil proyectos contenidos en los Architizer A+ Awards, y luego fuimos reduciendo el número mediante investigaciones exhaustivas, conversaciones y experiencias personales.

UBICACIONES EXTREMAS

El deseo que siente la humanidad de explorar ubicaciones extremas y construir en ellas plantea una pregunta crucial: ¿cómo hacerlo? ¿Cómo sobrevivirán los científicos que monten una base en el Polo Norte? ¿Dónde se resguardarán los naturalistas que estudian a los renos en la tundra noruega? ¿Cómo vivirán nuestros hijos cuando aterricen en Marte?

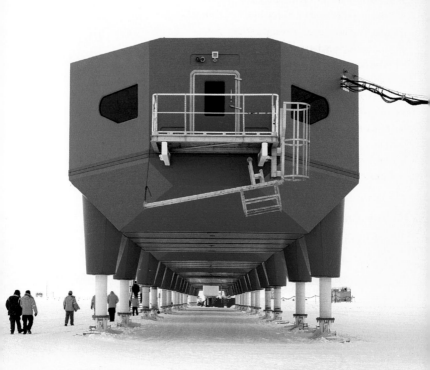

1 ¿Podemos vivir en el lugar con las condiciones más extremas del mundo?

Olvídate del espacio exterior: en nuestro mundo los científicos todavía exploran lugares que no figuran en los mapas. Este centro de investigación reubicable se encuentra en la banquisa de Brunt, en la estación antártica más austral del mundo, gestionada por el British Antarctic Survey. La estación se asienta sobre unos cimientos parecidos a esquís, y unas patas hidráulicas le permiten «salir» de la nieve cuando ésta ha caído copiosamente; cuando llega el buen tiempo y la banquisa se desplaza a mar abierto, es posible colocar sobre esquís los módulos del centro de investigación, remolcándolos a una nueva ubicación. Su forma, que recuerda a la de una nave espacial, fija una nueva meta para el estudio del cambio climático en los polos, a la par que llama merecidamente la atención sobre este trabajo tan innovador.

Tu supervivencia depende de un diseño acertado.

Centro de Investigación
Antártico Halley VI.
La Antártida
HUGH BROUGHTON
ARCHITECTS Y AECOM,
CONSTRUIDA POR
GALLIFORD TRY PARA THE
BRITISH ANTARCTIC SURVEY

2 ¿Qué aspecto tienen los edificios construidos por encima de los 3.000 metros?

Esta estación de esquí austriaca, a la que sólo se puede llegar en teleférico, está situada a 3.350 metros sobre el nivel del mar. Está diseñada para que colabore con el tremendo poder visual y físico de su entorno; la estructura está situada a horcajadas sobre la cumbre del monte para permitir que la «arquitectura» que levanta la nieve (exclusiva de la naturaleza) se acumule y se derrita sin obstrucciones. La abundancia de ventanales de cristal permite una visión de casi 360 grados, y el techo y el suelo se han diseñado específicamente para resistir la fuerza de los elementos y las tremendas diferencias de temperatura que se producen en ese lugar.

Wildspitzbahn,
Tirol, Austria.
BAUMSCHLAGER
HUTTER PARTNERS

La naturaleza es el arquitecto por antonomasia.

3 ¿Puede ser la arquitectura un camino entre nubes?

Estas plataformas de observación se ciernen sobre el sendero Trollstigen, una ruta turística montañosa que zigzaguea trepando por pendientes casi verticales que dominan un paso impresionante entre los profundos fiordos noruegos. Los seres humanos sólo pueden visitar ese lugar (y construir en él) durante el verano, cuando el clima es menos riguroso, pero las plataformas deben soportar las condiciones meteorológicas durante todo el año. Aunque la ruta serpentea con delicadeza por el terreno traicionero, su notable resistencia y su ingeniería meticulosa le permiten superar la prueba del clima implacable de Noruega.

Ruta Turística
Nacional Trollstigen.
Trollstigen, Noruega
REIULF RAMSTAD
ARKITEKTER

La mejor arquitectura hace que olvidemos su tremenda resistencia.

4 ¿Qué hacen los renos todo el día?

Una pista de senderismo conduce a un punto espectacular desde el que se divisa la cadena montañosa Dovrefjell, en el centro de Noruega, que es el hábitat de algunos de los últimos rebaños de renos salvajes de Europa. Este nervudo pabellón invita a los visitantes a calentarse mientras observan la población local de renos. La estructura es un ejemplo del contraste entre diversos materiales: se compone de un revestimiento exterior rígido de acero sin pulir y de cristal, que alberga un núcleo blando de madera que tiene una forma parecida a la de las rocas circundantes, erosionadas durante siglos por el viento y el agua.

La arquitectura premia a los aventureros.

Tverrfjellhytta,
Pabellón de los renos
salvajes de Noruega.
Hjerkinn, Noruega
SNØHETTA

5 La arquitectura moderna, ¿puede inspirar un peregrinaje?

La Ruta del Peregrino serpentea a lo largo de 115 kilómetros atravesando la cadena montañosa de Jalisco. Cada año casi dos millones de personas recorren este arduo camino para honrar a la Virgen de Talpa. Este mirador es uno de los nueve proyectos arquitectónicos diseñados para ofrecer puntos de referencia y refugio a los peregrinos (además de para atraer a más visitantes informales a esta ruta). La construcción, dispuesta como un subibaja, enmarca la panorámica de uno de los puntos más elevados del recorrido y ofrece unos instantes de reposo frente a la ardua experiencia que supone la peregrinación.

La arquitectura puede fomentar el viaje.

Ruta del Peregrino, Mirador Las Cruces, montes de Jalisco. México
ELEMENTAL

6 ¿Se puede soñar bajo la aurora boreal?

Este hotel de lujo aprovecha el paisaje sobrenatural islandés para ofrecer a sus clientes una desconexión total del mundo. Los arquitectos eligieron el lugar con mucho cuidado: el folclore local desaconseja molestar a los elfos que habitan en las cuevas cercanas. Pensando en el medio ambiente, los arquitectos utilizaron muchos materiales reciclados; convirtieron neumáticos en pilas de lavabo y trozos de lava en lámparas. Una fuente de agua caliente, cuya agua brota a 190 °C, calentada por un volcán cercano, proporciona un suministro casi infinito de agua caliente pero al mismo tiempo sostenible. Y cuando llega la hora de acostarse, los cielos ofrecen un espectáculo incomparable.

La arquitectura nos muestra el espacio exterior en nuestro propio mundo.

Hotel ION Luxury Adventure, Parque Nacional Thingvellir, Islandia
MINARC

7 ¿Pueden las casas ponerse de puntillas?

En este lugar tan desolado, las cabañas están pensadas para invitar a los clientes a disfrutar del aislamiento del desierto. En lugar de situar en el suelo cada habitación de hotel EcoLoft, de 20 metros cuadrados, como sucedería en el caso de un edificio convencional, los arquitectos las diseñaron para que se elevaran sobre el terreno sustentadas por estrechas patas de acero. Están dispuestas como los peñascos que ocupan el lugar, repartidas para componer una imagen pintoresca.

Encuentro Guadalupe.
Baja California, México
GRACIA STUDIO

El turismo ecológico exige una arquitectura ecológica.

8 ¿Puede flotar una oficina?

La sede central de Arctia Shipping Ltd., un edificio flotante de oficinas cuyo diseño evoca a sus vecinos: las barcazas rompehielos atracadas en los muelles de Katajanokka, está construida para soportar las temperaturas extremadamente bajas del edificio. Su masa horizontal y sus fachadas de acero negro imitan los cascos oscuros de las embarcaciones, mientras los interiores de madera lacada nos recuerdan a la ingeniería naval tradicional.

Sede central de
Arctia Shipping.
Helsinki, Finlandia
K2S ARCHITECTS

Si un edificio puede flotar, ¿por qué no iba a hacerlo una ciudad?

9 ¿Puede una arquitectura a ras de tierra ayudarnos a tocar las estrellas?

En el desierto de Atacama, en Chile, está emplazado el Very Large Telescope, un instrumento que hace honor a su nombre, ya que es uno de los ingenios ópticos más grandes y avanzados de la Tierra. En estas instalaciones emblemáticas, que gestiona el Observatorio Europeo Austral, los científicos que trabajan en condiciones climáticas rigurosas (sol implacable, sequedad extrema, terremotos) necesitan un alojamiento que les permita descansar y recuperar fuerzas entre un turno laboral y el siguiente. Este hotel se adapta al paisaje, y se ha convertido en un respiro para quienes deben pasar largos periodos de tiempo en este entorno tan hermoso pero a la vez tan desapacible.

El progreso científico precisa científicos sanos.

Hotel del Observatorio Europeo Austral (OEA). Cerro Paranal, Chile
AUER WEBER

10 ¿Podemos vivir en la luna?

Cuando por fin habitemos la luna, necesitaremos estar protegidos de los rayos gamma. Este alojamiento para cuatro personas cumplirá exactamente esta función, protegiéndonos de los tremendos cambios de temperatura y los meteoritos. Estas cúpulas hinchables dotan a la estructura de una forma única. Unos robots propulsados por energía solar imprimirán tridimensionalmente sobre su superficie el polvo lunar (el regolito), creando un capullo protector que será ultraligero, debido a que no necesita pegamento ni otros sistemas de sujeción, porque sus partículas se cohesionan de forma natural. Los arquitectos han creado una maqueta que pesa una tonelada y media y han probado pequeños módulos dentro de una cámara de vacío. Ojo al dato: la primera estructura se alzará pronto en el polo sur de la luna.

El ingenio arquitectónico no está limitado a este mundo.

Alojamientos lunares impresos en 3D. (Prototipo) FOSTER & PARTNERS EN COLABORACIÓN CON LA AGENCIA ESPACIAL EUROPEA

REINVENCIONES

Si ya está mal tirar una botella de plástico...
¡imagínate lo que sería tirar un edificio entero
cuando ya no le encuentras utilidad! La obra
nueva es tremendamente ineficaz, motivo
por el cual, por ejemplo, durante los próximos
diez años el 90 por ciento de toda la actividad
constructora en Estados Unidos se centrará
en edificios ya existentes. Un silo de grano se
convierte en un museo de arte, y una planta
de tratamiento de aguas se convierte en todo
un icono. Si dotamos a nuestro pasado de un
propósito nuevo, podremos crear un futuro
nuevo para los edificios que ya tenemos.

11 ¿Se puede ir de compras en una catedral?

Como en nuestro mundo cada vez hay menos librerías de ladrillo y cemento, las que quedan se han convertido en lugares casi sagrados a los que peregrinar. Por lo tanto, ¿qué mejor lugar para que se reinvente un librero holandés que el interior de una catedral de la orden de los dominicos del siglo XIII? La altísima nave dispone de espacio más que suficiente para colocar tres pisos de estanterías, que se extienden a lo largo de la catedral y contrastan con la arquitectura gótica en piedra que las rodea.

La terapia al por menor puede ser una experiencia religiosa.

Selexyz Dominicanen.
Maastricht, Holanda
EVELYN MERKX,
MERKX + GIROD

12 ¿Pueden los escombros contarnos algo nuevo?

En China, los escombros producto de catástrofes naturales renacen como un museo de historia, sin duda un propósito idóneo para ellos. Los arquitectos usaron los cascotes acumulados durante los terremotos para construir la fachada de este edificio, encargado por la ciudad de Ningbo. Al plasmarla de esta manera, la visión de los arquitectos se convierte en un icono del pasado, mientras al tiempo propone ideas sostenibles sobre cómo adaptar los materiales ya existentes a las necesidades contemporáneas.

Museo de Ningbo.
Ningbo, China
WANG SHU

Los ladrillos no tienen fecha de caducidad.

13 ¿Puede lo feo ser bello?

Newtown Creek es la más extensa de las catorce plantas de tratamiento de aguas fecales de la ciudad de Nueva York. La ciudad podría haber optado sin problemas por un diseño utilitario, pero en lugar de eso decidió invertir 4.500 millones de dólares en reacondicionar las instalaciones antiguas, obsoletas y perjudiciales para el medio ambiente, con un diseño que tiene muy en cuenta el vecindario residencial que rodea la planta. Los arquitectos, que trabajaron con un equipo que incluía a artistas de la luminotecnia y a un escultor medioambiental, crearon un complejo que utiliza la forma, el material y el color para crear una composición visual de lo más llamativa.

Newtown Creek
Wastewater Treatment
Plant. Brooklyn,
Nueva York,
Estados Unidos
ENNEAD ARCHITECTS

La arquitectura industrial ya no tiene por qué esconderse.

14 ¿Cenarías en una alcantarilla?

Intenta no pensar en ello: las tuberías prefabricadas de cemento y colocadas una encima de otra, que se usan tradicionalmente para la canalización de las aguas fecales, se convierten en un añadido impactante y escultural a un pub ya existente. Forradas de madera, crean reservados íntimos para que cenen los clientes, al tiempo que incitan al voyeurismo a los transeúntes.

Prahran Hotel.
Melbourne, Australia
TECHNÉ ARCHITECTS

La forma sugiere la función.

15 ¿Cuánto pagarías por dormir en un almacén?

Los arquitectos del mundo entero reconvierten almacenes en hoteles de moda, pero éste es un ejemplo especialmente sorprendente de la arquitectura puesta al día, que insufla nueva vida a un entorno que antes era industrial. En el East River en Brooklyn, los arquitectos desmontaron y restauraron un edificio de ladrillo, hierro forjado y entramado de madera, y construyeron 73 habitaciones para los clientes. Las ventanas del anexo de la azotea son de fábricas de la vecindad y permiten disfrutar de vistas panorámicas de la línea del horizonte de Manhattan, a la vez que constituyen un icono visible en el propio horizonte de Brooklyn.

Descansa tranquilo sabiendo que eres más guay que todos los demás.

Wythe Hotel.
Brooklyn, Nueva York, Estados Unidos
MORRIS ADJMI ARCHITECTS

16 ¿Cómo se convierte un silo de grano en un museo de arte?

Un histórico silo de grano, formado por 42 cilindros de cemento, se convertirá en museo en el paseo marítimo de Ciudad del Cabo. De entrada, la estructura carecía de un espacio abierto por donde empezar a trabajar, de modo que los arquitectos practicaron un corte transversal en ocho de los silos de cemento centrales (las nuevas técnicas para cortar el cemento mantienen los bordes nítidos y añaden textura al espacio). El efecto es un atrio ovalado rodeado por torres de cemento. Los artistas tendrán la oportunidad de crear obras de arte específicas para el lugar aprovechando los túneles subterráneos con los que ya contaban los silos.

Zeitz Museum of Contemporary Art Africa. Ciudad del Cabo, Sudáfrica
HEATHERWICK STUDIO

Un edificio puede pasar de alimentar bocas a alimentar mentes.

17 ¿Se puede convertir un búnker en una central eléctrica?

En las ruinas de un búnker antiaéreo de la segunda guerra mundial, que constituyen todo un punto de referencia en Hamburg-Wilhelmsburg, se ha llevado a cabo una reconversión drástica del propósito de la instalación. Ahora es un centro ecológico que convierte el calor en electricidad, y que elimina prácticamente por completo su propia huella de carbono. Pero nadie ha olvidado su historia pasada: el búnker está enclavado en medio de un barrio residencial, y los ciudadanos pueden disfrutar de las instalaciones, que además de conservarse como monumento conmemorativo disponen de una cafetería.

Energy Bunker. Hamburgo, Alemania
HHS PLANER + ARCHITEKTEN

La arquitectura nos habla de la fuerza de nuestros recuerdos.

18 ¿Puede una superautopista ser una buena casa?

Todos hemos conducido por las autopistas sin ser conscientes de su enormidad. Esta casa nos hace darnos cuenta de la escala de nuestra infraestructura de transportes. Utiliza enormes vigas de cemento prefabricado que, tradicionalmente, se destinan a la construcción de autopistas. Una serie de voladizos aparentemente imposibles nos obligan a repensar nuestra percepción de la gravedad y de la escala. ¿Y te has fijado en la piscina?

Repensar lo evidente puede crear algo totalmente nuevo.

Casa Hemeroscopium.
Madrid, España
ENSAMBLE STUDIO

19 ¿Puede una nueva piel proteger huesos viejos?

Cuando los diseñadores se propusieron convertir un hotel de la década de 1960 en un edificio de apartamentos de tecnología punta, los arquitectos quisieron conservar todo lo posible el edificio antiguo, pero mejorando su rendimiento y su imagen general. Lo hicieron creando una «segunda piel» para el edificio, que instalaron sobre la fachada de mampostería originaria. Los nuevos paneles de aluminio oscuro albergan un jardín vertical y mejoran sensiblemente el rendimiento térmico del edificio (además de proporcionarle un aspecto estupendo).

Lo que es bueno para el medio ambiente puede ser atractivo a la vista.

142 Park Street.
South Melbourne,
Australia
BRENCHLEY ARCHITECTS

20 ¿Pueden los centros históricos de las ciudades tener espacios públicos futuristas

Cuando Sevilla decidió demoler el aparcamiento y la cochera para autobuses que había en el centro de la ciudad, los responsables se quedaron sorprendidos al encontrar ruinas romanas bajo la superficie. ¿Qué podían hacer? Con Metropol Parasol, el proyecto ganador de un concurso internacional, consiguieron proteger las ruinas, ganar espacio para tiendas y cafeterías y la creación de una enorme plaza pública para la vibrante ciudad. Los seis parasoles con aspecto de seta resguardan a los transeúntes del intenso sol andaluz, y los visitantes pueden subir a lo alto para disfrutar de una vista panorámica de las murallas de la ciudad. Sin embargo, lo más innovador de este sinuoso hito arquitectónico no es su forma: en su construcción se ha empleado principalmente madera, y es la estructura encolada más grande del mundo.

Las ciudades no son cápsulas del tiempo.

Metropol Parasol.
Sevilla, España
J. MAYER H.

21 ¿Puede una estación de metro suscitarte las ganas de estar en un espacio subterráneo?

Esta ampliación de una estación de metro en Budapest se planificó durante la década de 1980, pero no se construyó hasta la llegada del nuevo milenio. Las nuevas técnicas de construcción permitieron a los arquitectos excavar una gigantesca forma cúbica y usar vigas de cemento para vertebrarla. Los rayos del sol que entran por un tragaluz de cristal iluminan las columnas, vigas y ascensores, logrando que este espacio subterráneo evoque un cruce tridimensional de tráfico, y convirtiéndolo en un apreciado espacio público.

La buena arquitectura merece la espera.

M4 Fővám tér y Szent Gellért tér stations.
Budapest, Hungría
SPORAARCHITECTS

22 ¿Puede sorprendernos un contenedor de mercancías?

Los contenedores de mercancías —cuyas diversas dimensiones son estandarizadas y son baratos y fáciles de adquirir— constituyen un elemento de construcción muy atractivo para los arquitectos. La **APAP Open School**, construida para atraer a los visitantes al programa de arte público en el paseo marítimo de Anyang, amplía las fronteras de lo que pueden hacer estos módulos. Al situar un contenedor inclinado en un ángulo de 45 grados que parece casi imposible, y añadiendo otro que se alza a tres metros sobre el suelo, la estructura se ha convertido en un icono urbano con ayuda de una capa de pintura amarillo chillón.

La arquitectura puede inventar usos extraordinarios para materiales ordinarios.

APAP OpenSchool.
Anyang, Corea del Sur
LOT-EK

23 ¿Puede la buena arquitectura conseguir que 1 + 2 = 1?

El Museu de Arte do Rio y su escuela adyacente tenían un problema de identidad. El conjunto se compone de tres edificios: un palacio de 1910, una estación de autobuses de mediados del siglo veinte, y un edificio que antaño fuera hospital de la policía. Para crear una identidad cohesionadora, los arquitectos idearon un dosel de cemento que sobrevuela los tres edificios y que aglutina visualmente los tres elementos dispares. Gracias a las columnas casi invisibles, este techo ondulado parece flotar sobre las instalaciones del museo, la bulliciosa plaza situada en la azotea y el patio inferior.

Si cuenta con un buen diseño, la arquitectura puede ser más que la suma de sus partes.

Museu de Arte do Rio.
Río de Janeiro, Brasil
JACOBSEN ARQUITETURA

EDIFICIOS SALUDABLES

Los edificios inciden en nuestra salud y en nuestro bienestar. Si en alguna ocasión te has sentido mal cuando estabas sentado en una sala de espera con techos bajos y fluorescentes de luz blanca que parpadeaban, ya habrás descubierto que la arquitectura incide en nuestro estado de ánimo. Y también pasa lo contrario: los edificios pueden tener un impacto tremendamente positivo en las personas que dependen de ellos, desde los pacientes y los médicos de un hospital hasta los estudiantes y las personas mayores.

24 ¿Puede un ladrillo convertirse en una fuerza curativa?

En 2011, el Hospital de Butaro inauguró unas instalaciones hospitalarias de 150 camas que ofrecen servicio a casi 350.000 personas en esta región de Ruanda. A pesar de su importancia, había pocos médicos que quisieran trabajar en el centro. La solución pasó por construir estas encantadoras casas para los médicos, que ofrecen al personal extranjero una residencia permanente a tan sólo cinco minutos del hospital. Al construir las viviendas, los arquitectos adoptaron una visión realmente holística de las necesidades de la comunidad, y enfocaron el proyecto como una oportunidad para formar a los lugareños en nuevos oficios especializados. Los talleres organizados en el propio lugar enseñaron a diversos equipos locales a elaborar bloques de tierra

comprimida; estos ladrillos resisten los terremotos y su producción es sostenible. Los equipos también aprendieron a construir el mobiliario del hospital y los accesorios de iluminación; además desarrollaron técnicas paisajísticas que ayudan a estabilizar la tierra y son esenciales para potenciar la agricultura de la zona. Este proyecto, en el que participaron más de 900 trabajadores cualificados que recibieron formación durante el proceso de construcción, proporcionará a las generaciones venideras de Ruanda una mejora en las prácticas de construcción, y también en la asistencia médica.

Los edificios construyen futuros.

Viviendas para médicos en Butaro. Butaro, Ruanda
MASS DESIGN GROUP

25 ¿Qué nos puede enseñar sobre la luz un *spa*?

Un peculiar hotel construido en 1967 se ha convertido en todo un icono de la isla de Mallorca. Durante su última renovación se construyó un nuevo *spa*, basado en un innovador diseño de iluminación natural destinado a transformar por completo los espacios interiores.

En la zona de la piscina, el edificio puede al fin aprovechar su fachada soleada gracias a un techo y unos muros salpicados de ventanas dispuestas estratégicamente.

En las salas del *spa* y el gimnasio, unos enormes ventanales permiten a los clientes disfrutar del paisaje, mientras que unas oberturas más pequeñas crean una atmósfera más íntima y relajante en las zonas tranquilas, como la sauna.

La luz solar puede ser una experiencia transformadora.

Hotel Castell dels Hams.
Mallorca, España
A2ARQUITECTOS

26 ¿Te parece un buen sitio donde morir?

Este incomparable complejo de viviendas para gente de la tercera edad refleja el énfasis cultural que pone Portugal en la calidad de vida. El componente humano es esencial en cada elemento del diseño, que se basa en un pueblo mediterráneo: como extensión de cada vivienda hay calles, plazas y jardines. Los tejados traslúcidos se iluminan a medida que se pone el sol, permitiendo que los residentes ancianos se puedan desplazar con seguridad por la noche. Este sistema de iluminación también es crucial en caso de emergencia: cuando se activa una alarma dentro de un domicilio, el color del tejado pasa de blanco a rojo, indicando que el residente necesita ayuda.

La luz manda un mensaje.

Complejo Social
de Alcabideche.
Alcabideche, Portugal
GUEDES CRUZ ARQUITECTOS

27 ¿Puede la arquitectura contribuir a la lucha contra el cáncer?

Un centro de apoyo a enfermos de cáncer crea una microcomunidad para visitantes, profesionales de la salud y personal de apoyo. El centro, cuya línea dentada de tejados lo diferencia claramente de otros edificios hospitalarios cercanos, se compone de siete casas pequeñas construidas en torno a dos patios cubiertos de césped. En las instalaciones los pacientes y sus familiares pueden aprender, comer, hacer ejercicio y descansar en un lugar cercano a la

planta principal de oncología, lo cual fomenta la estrecha colaboración entre el personal del hospital y la Sociedad Danesa contra el Cáncer. El centro, que funciona como una pequeña comunidad dentro del vecindario circundante, subraya el papel esencial que juega el contacto humano en el tratamiento de la enfermedad.

La arquitectura puede ayudar a curar.

Livsrum.
Næstved, Dinamarca
EFFEKT

28 ¿Puede la arquitectura darnos superpoderes?

¿Cuál es el secreto de la longevidad? El contacto intergeneracional, la actividad física constante, la interacción social, la diversión y la felicidad. Todos estos atributos los encontramos en la Fun House, la atracción principal de la comunidad progresivamente en aumento de personas de la tercera edad de Palm Springs. La clave de este edificio es la teoría pionera del «destino inverso», formulada por Madeline Gins: consiste en usar estructuras para desafiar las capacidades físicas e intelectuales, y propone enfocar la arquitectura como un ingrediente clave para disfrutar de una vida más larga y saludable.

La arquitectura nos mantiene jóvenes.

Reversible Destiny Healing Fun House. (Proyecto). Palm Springs, California, Estados Unidos
ARAWAKA+GINS, REVERSIBLE DESTINY FOUNDATION

29 ¿Puede esta escuela ayudar a los niños autistas a aprender más?

Esta escuela está diseñada para alumnos que padecen trastornos del espectro autista, es decir, niños cuyos sentidos hipersensibles pueden inducirles a manifestar reacciones traumáticas cuando pasan repentinamente de un espacio físico a otro, o bien cuando acceden a espacios amplios y con pocos puntos de referencia. Los arquitectos dispusieron nueve residencias y tres aularios de tal manera que éstos crean un entorno terapéutico, al permitir que los alumnos se desplacen paulatinamente por las instalaciones. Los accesos describen formas redondeadas y están exentos de esquinas en ángulo recto, y los niños son dirigidos pausadamente hasta la puerta de cada edificio.

Center for Discovery.
Harris, Nueva York,
Estados Unidos
TURNER BROOKS
ARCHITECT

La arquitectura puede crear una coreografía hermosa.

30 ¿Puede el barro protegernos?

La Clínica Mae Tao es una organización humanitaria que ofrece asistencia médica, vivienda y alimentos gratuitos a más de tres mil niños. Situada a pocos kilómetros de la frontera con Birmania, la clínica precisaba ampliar sus instalaciones para dar cabida a un número cada vez mayor de personas. Los miembros de esta comunidad creciente levantaron un nuevo edificio usando maderas locales y adobe (ladrillos de barro), recursos que durante siglos se han usado en Tailandia como material de construcción impermeable e ignífugo. Ahora el centro imparte un programa de formación de cuidados de la salud que fortalecerá aún más la urdimbre social de esta región fronteriza.

Nuevo centro de formación y dormitorios temporales. Mae Mo, Tailandia
A.GOR.A ARCHITECTS

El barro puede ser el vínculo más fuerte.

31 ¿Vendrían tus hijos a visitarte a un sitio así?

Hacerse mayor no debería ser sinónimo de estar solo. Este hogar para personas de la tercera edad es una mezcla de hotel y de hospital proactivo. Cada apartamento cúbico de la fachada, pintado de blanco, dispone de un balcón en voladizo diseñado para proteger del sol las ventanas del piso inferior. Esta privacidad queda compensada por el gran espacio público en torno al cual se disponen los apartamentos. El edificio alargado es un sendero serpenteante (se puede caminar por el tejado, literalmente), que rodea un patio en el que los pacientes pueden reunirse y hacer nuevos amigos.

Residencia de ancianos. Residencias Alcácer do Sal, Portugal
AIRES MATEUS

Los edificios saben que la unión hace la fuerza.

DESPLEGABLES

Los científicos tienen laboratorios, y los arquitectos, construcciones desplegables. Estas estructuras temporales son pequeños experimentos sobre la forma y el espacio.

¿Puede desplegarse la arquitectura?

Unos tubos acrílicos normales
y corrientes se combinan para
crear un pabellón rígido cuya forma
se inspira en una gema sin tallar.

Bulgari Art Pavilion.
Manarat Al Saadiyat, Abu Dabi, Emiratos Árabes Unidos
NOT A NUMBER ARCHITECTS

Este caparazón de plástico corrugado y ultraligero, diseñado pensando en los chefs incipientes y en la cultura del camión restaurante o gastroneta, puede estirarse para dar cabida a entre dos y cincuenta comensales.

PDU (Portable Dining Unit, Unidad restaurante portátil).
San Francisco, California, Estados Unidos
EDG

Esta carpa nupcial flotante y temporal apenas toca el suelo, gracias a un dosel inflable lleno de helio revestido con un tejido vaporoso.

Floatastic.
New Haven, Connecticut, Estados Unidos
QASTIC LABS

Este pabellón temporal en Governors Island, construido durante la celebración del festival de arte Figment, está hecho con
53.780 botellas recicladas; las mismas que los neoyorquinos
tiran a la basura cada hora.

Head in the Clouds.
Governors Island, Nueva York, Estados Unidos
STUDIO KLIMOSKI CHANG ARCHITECTS

Los diseñadores aportan un elemento innovador a una carpa blanca estándar añadiendo un paisaje colgante de tubos blancos de vinilo.

Drift pavilion for Design Miami/2012.
Miami Beach, Florida, Estados Unidos
SNARKITECTURE

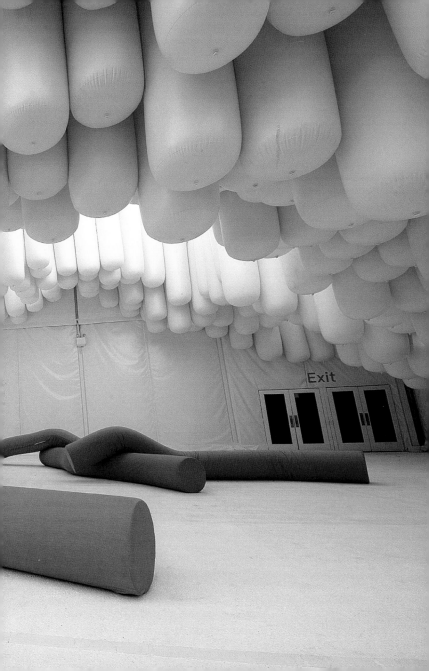

CAMALEONES

¿Puede haber paredes invisibles? ¿Es posible convertir un globo en una sala de conciertos? ¿Puede inclinarse un rascacielos hasta tocar el suelo? La nueva tecnología disponible para dibujar, realizar modelos digitales y construir conlleva que los arquitectos ya no estén limitados por las formas del pasado, y puedan crear espacios únicos que no se parecen a nada de lo que hayamos visto jamás.

32 ¿Puede un edificio zigzaguear?

Lo primero que te encuentras al llegar a un país, y lo último que ves cuando te marchas, es un puesto fronterizo. Georgia ha construido el que sin duda es el puesto fronterizo más interesante del mundo, lo cual tampoco es de extrañar: desde que renació como país democrático independiente en 1991, Georgia ha utilizado la arquitectura para renovar su imagen ante el mundo. Unas plataformas colocadas en voladizo permiten la contemplación del escarpado paisaje, y la disposición de una cafetería, una sala de conferencias y los despachos del personal promete al visitante que hará maravillosos descubrimientos en el país que se extiende al otro lado.

La puerta de entrada a un país tiene que atraer e inspirar a los visitantes.

Puesto fronterizo.
Sarpi, Georgia
J. MEYER H. ARCHITECTS

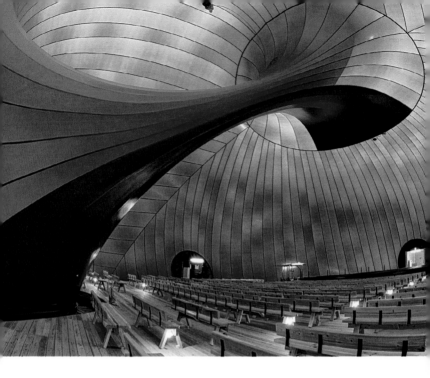

33 ¿Puede la arquitectura arremolinarse?

Esta sala de conciertos inflable y portátil, elaborada con una membrana plástica de gran elasticidad, aporta arte y esperanza a Japón, un país devastado por los terremotos. La sala, con capacidad para quinientas butacas, se hincha en menos de dos horas, y cuando se ha desinflado se puede trasladar a una nueva localización en la caja de un camión.

Ark Nova.
Matsushima, Japón
ARATA ISOZAKI,
ANISH KAPOOR

La línea que separa el arte de la arquitectura puede ser curva.

34 ¿Puede un edificio caer en picado?

La Unión Soviética era bien conocida por su arquitectura, imponente, rígida y monumental. Cuando los azerbaiyanos quisieron levantar un nuevo centro cultural en su capital, se alejaron drásticamente de cualquier precedente. El edificio se eleva en el paisaje como una serie de curvas ondulantes que abarcan un espacio de 57.000 m². El diseño representa la relación fluida entre la ciudad y lo que sucede dentro del centro cultural.

La arquitectura puede crear paisajes nuevos.

Centro Heydar Aliyev.
Baku, Azerbaiyán
ZAHA HADID ARCHITECTS

35 ¿Puede la arquitectura gotear?

Un aeropuerto internacional siempre ofrece a una ciudad la oportunidad de manifestar su identidad a los viajeros. Por este motivo, los arquitectos de la Terminal 2 del aeropuerto de Bombay optaron por recrear en el techo de la terminal, que ocupa cerca de 8 hectáreas, las celosías *jali* propias de la zona. (*Jali* es el nombre que recibe una celosía de piedra o madera reticulada, que habitualmente se caracteriza por un diseño ornamental y se encuentra con frecuencia en la arquitectura india.) El diseño artesonado del techo, del que surgen las columnas a modo de gotas, permite la entrada de la luz mediante tragaluces, creando una impactante puerta de acceso a la capital del país.

La arquitectura te indica que ya has llegado.

Terminal 2 del Aeropuerto Internacional Chhatrapati Shivaji. Bombay, India
SKIDMORE, OWINGS & MERRILL

36 ¿Se ponen medias las casas?

Los edificios nuevos situados en barrios históricos deben encontrar el equilibrio entre la arquitectura antigua y la moderna. Para construir esta nueva galería de arte al norte de Seúl, los arquitectos diseñaron un cubo blanco que resultaba ideal para las obras de arte del interior, pero cuya rigidez desentonaba con su entorno histórico. Una visita al ropero solucionó el problema: el cubo blanco, envuelto por un velo de cota de malla flexible, va cambiando a medida que la luz se desplaza por su superficie, armonizando mejor con los edificios circundantes.

Kukje Gallery.
Seúl, Corea del Sur
SOLID OBJECTIVES-
IDENBURG LIU

Un edificio bien vestido nunca desentona.

37 ¿Un edificio del espacio exterior?

La ciudad de Dalian, que está creciendo muy rápida-mente, pidió a los arquitectos que levantasen un centro de conferencias y de ópera, pero que fuese también un punto de referencia visual para la ciudad, algo que pudiera convertirse en un icono para la comunidad local y atraer a un público internacional. El resultado prácticamente constituye una categoría propia, como si una nave extraterrestre hubiese aterrizado en las inmediaciones del puerto de Dalian. Este edificio no busca referencias en su contexto, sino en el futuro. Es un símbolo de la esperanza que tiene la ciudad: convertirse en un lugar energizado por sus visitantes, el comercio y la cultura.

Centro Internacional de
Conferencias de Dalian.
Dalian, China
COOP HIMMELB(L)AU

La arquitectura no predice el futuro: lo crea.

38 ¿Y si un bloque de oficinas fuera reversible?

Diseñar oficinas puede ser complicado. A menudo las columnas y las tuberías obstaculizan el tan cacareado diseño de «oficina diáfana» que, a su vez, puede interferir con los cubículos y las salas de juntas. Pero esto no sucede en la O-14, una torre de oficinas que apuesta por un muro de carga de cemento blanco, situado a un metro de las ventanas, para que soporte el peso del edificio. Esto quiere decir que en ese espacio no hay columnas. El muro estructural crea un efecto de chimenea que aleja de la fachada el aire caliente (lo cual está muy bien dado el calor que hace en Dubái) y, gracias a los 1.326 agujeros practicados con cinco formas distintas por todo el edificio, constituye una muestra elegante de este nuevo tipo de diseño de rascacielos.

Una nueva forma de enfocar la estructura.

O-14.
Dubái, Emiratos Árabes Unidos
REISER + UMEMOTO

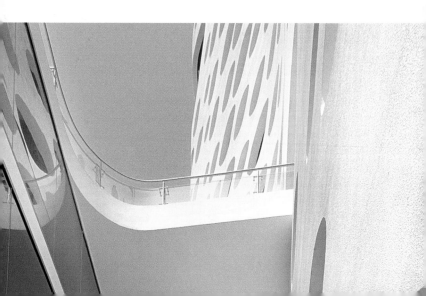

39 ¿Puede el reflejo ser más que un adorno?

La transformación de este casa de 40 años de antigüedad en apartamentos, conllevaba el riesgo de que perdiera la singularidad de su identidad visual. Para conservar esa identidad y aislar mejor la casa del ruido y del calor, los arquitectos recubrieron con vidrio reflectante la fachada del edificio ya existente. El vidrio protege el edificio del sol ardiente, y este material consigue que los apartamentos que están detrás formen una sola unidad, que refleja el hermoso paisaje.

Espejito, espejito, sé fachada.

Trevox Apartments.
Naucalpan, México
CRAFT ARQUITECTOS

40 ¿Es la belleza un servicio público?

Por si te lo preguntabas, esta forma es llamada «trapezoide en movimiento». La piel de este museo —que alberga varias esculturas de Rodin— cuya musculosa estructura está revestida con 16.000 hexágonos de aluminio, es reflectante y luminosa. El diseño evoca las tradicionales fachadas coloniales de Ciudad de México, recubiertas de azulejos, y al igual que esos edificios cambia de aspecto dependiendo de la meteorología y del lugar donde se sitúa el observador, y esto convierte al propio edificio en una escultura.

Un museo puede ser tan importante como las obras que contiene.

Museo Soumaya.
Ciudad de México,
México
FR-EE / FERNANDO
ROMERO ENTERPRISE

41 ¿Puede la arquitectura ser un deporte olímpico?

El salto de esquí es un deporte que desafía a la muerte;
los atletas arriesgan su integridad física y su vida para
volar por los aires a alturas inconcebibles. En el pueblo
de Holmenkollen, en Noruega, se realizaron los saltos
más legendarios del siglo pasado. Una competición
internacional reciente se puso como meta mejorar
incluso más su reputación con un nuevo trampolín de

saltos. Revestido de malla de acero inoxidable y con una proyección en voladizo de casi 70 metros, este trampolín es el más largo que existe, lo cual garantiza que sea siempre el centro de atención.

La arquitectura te da alas.

Trampolín de saltos
de Holmenkollen.
Oslo, Noruega
JDS ARCHITECTS

42 ¿Se puede pixelar un edificio?

La sencillez de un edificio con forma de cubo da paso a la complejidad con una fachada de paneles cuadrados de diez colores distintos a la manera de una imagen pixelada. Este diseño juguetón descompone la forma del edificio, pero también cumple la importante misión de ocultar a la vista la labor de investigación y desarrollo que lleva a cabo la empresa de tecnología que trabaja en el edificio.

La arquitectura sabe guardar secretos.

Frog Queen.
Graz, Austria
SPLITTERWERK

43 ¿Puede la piedra fluir como el agua?

Inspirado por la geomorfología de un antiguo lecho fluvial de esta región de Luisiana, en el escultórico vestíbulo de este museo se han empotrado 1.100 paneles de piedra artificial iluminados con luz natural desde arriba para indicar el recorrido que conduce a las galerías interiores del edificio. Para el diseño y montaje a medida de los paneles se utilizó un proceso automatizado .

La tecnología es la nueva alquimia, que convierte piedras en agua.

Louisiana State Museum and Sports Hall of Fame. Natchitoches, Luisiana, Estados Unidos
TRAHAN ARCHITECTS

44 ¿Nos hemos equivocado respecto a las ventanas?

Los franceses lo llaman *brise soleil*. Para la arquitectura oriental es un *muxarabi*. Los parasoles de madera presentan un atractivo universal dada su vistosidad impresionante y su capacidad de resguardar del sol en los climas cálidos. En esta residencia de São Paulo, dos enormes cortinas de madera protegen el hogar de una joven familia, permitiendo que el aire circule y creando un enclave privado, a resguardo de las miradas de los vecinos. Lo mejor de todo es el misterio de esta casa que, en apariencia, «no tiene ventanas».

BT House.
São Paulo, Brasil
STUDIO GUILHERME
TORRES

Todo elemento arquitectónico se presta a la innovación.

45 ¿Por qué no pueden ser invisibles las paredes?

Este museo alberga una colección de obras de cristal, y los arquitectos pensaron que un edificio dedicado a esos fines debería estar hecho del mismo material. El edificio consta de un suelo y un techo sólidos que parecen flotar como por arte de magia sustentados por muros de cristal.

Glass Pavilion del Toledo
Museum of Art.
Toledo, Ohio,
Estados Unidos
SANAA

A veces cuesta ver la arquitectura más innovadora.

46 ¿Se puede escalar una biblioteca?

El índice de analfabetismo en la ciudad holandesa de Spijkenisse es de un rampante 10 por ciento, de modo que el ayuntamiento organizó una campaña de relaciones públicas para fomentar la lectura, y para ello recurrió a la arquitectura. Cerca de la plaza central de la ciudad, los arquitectos dispusieron en una pirámide 480 metros lineales de estanterías para libros. Las fachadas de vidrio dejan a la vista el contenido de la biblioteca e invitan a los transeúntes a entrar en el edificio.

Hasta los edificios más cotidianos pueden sorprendernos.

Stichting Openbare Bibliotheek. Spijkenisse, Holanda
MVRDV

47 ¿Hace falta que un edificio sea alto para cambiar la línea del horizonte?

En Europa, los edificios de viviendas pueden tener patios de manzana; en Manhattan intentan tocar el cielo. West 57th posee lo mejor de ambos mundos: sus fachadas crean un espacio verde y abrigado para sus ocupantes, que al mismo tiempo gozan de las amplias vistas panorámicas que ofrece un rascacielos. El edificio, que tiene una altura de 138 metros, deja que la luz solar penetre a fondo en el bloque por unas ventanas por las que los vecinos disfrutan de la vista del río Hudson.

Un bloque de apartamentos no tiene por qué mirar hacia dentro (ni tampoco ser un bloque).

West 57th.
Nueva York, Nueva York,
Estados Unidos
ARQUITECTO:
WINKA DUBBELDAM.
CREADOR Y DIRECTOR
DE ARCHI-TECTONICS:
RODRIGO NIÑO.
PATROCINADOR DE
PRODIGY NETWORK:
VENERANDO LAMELAS

48 ¿Se puede hacer una fortaleza de cristal?

La cubierta de esta sala de conciertos emplazada en la fachada marítima de Reikiavik está formada por cristales. La cara sur del edificio, hecha en colaboración con el artista Olafur Eliasson, está compuesta por 823 «casi ladrillos»; se trata de módulos apilables de doce caras, hechos de acero, y diez tipos distintos de cristal que relucen como las escamas de los peces.

Pero no sólo componen una fachada hermosa:
los ladrillos de cristal impiden que el ruido exterior
interfiera en las actuaciones dentro de la sala.
La fortaleza del cristal, combinada con la estructura
de acero, aisla a esta sala de conciertos casi por
completo del entorno en el que se encuentra.

Algunos materiales tienen poderes ocultos.

Sala de conciertos y
centro de conferencias
Harpa. Reikiavik, Islandia
HENNING LARSEN
ARCHITECTS CON
BATTERÍÐ ARCHITECTS,
RAMBØLL GROUP, Y
ARTENGINEERING,
Y OLAFUR ELIASSON

49 ¿Puede la luz aportar calidez a un almacén?

Un almacén es un almacén y punto, ¿no? ¡Pues si tiene esta forma, no! Los arquitectos de KOP Warehouses sustituyeron el metal corrugado por láminas de plástico corrugadas, transparentes y traslúcidas, para permitir la entrada y la salida de la luz. El resultado es un giro del concepto tradicional de almacén, y demuestra que cualquier tipo de edificio es susceptible de innovación.

Un arquitecto astuto puede convertir un trozo de carbón en un diamante.

KOP Warehouses.
Puurs, Bélgica
URA

50 ¿Se puede agachar un rascacielos?

La nueva sede de la Televisión Central de China (CTV) concentra el proceso íntegro de una cadena televisiva (administración, producción, emisión), en un único bucle de actividades interconectadas. La forma del edificio supone una alternativa al rascacielos tradicional, y fomenta en su interior las actividades colaborativas, y ofrece un grado sin precedente de acceso público al sistema de producción de los medios de comunicación chinos.

El nuevo grado de compromiso público crea formas nuevas.

Sede de la Televisión Central China.
Pekín, China
OMA

51 ¿Pueden los balcones hacer olas?

La aplicación de la innovación arquitectónica puede exigir una enorme cantidad de recursos y de tiempo. Sin embargo, en ocasiones la respuesta radica en los detalles pequeños. Bajo su forma exuberante, este hotel y bloque de apartamentos de 82 pisos no es en realidad otra cosa que un rascacielos rectangular tradicional; pero cuando llegó el momento de diseñar los balcones, el arquitecto se convirtió en escultor y creó unas plataformas curvilíneas y cambiantes que se proyectan hasta cuatro metros desde la fachada del edificio. Esta alteración menor hace que, desde la distancia, el edificio sea todo un espectáculo, como una nube sensual que flota en el horizonte de Chicago.

Aqua Tower.
Chicago, Illinois,
Estados Unidos
STUDIO GANG ARCHITECTS

La oportunidad se esconde en los detalles.

52 ¿Cuánto cuesta lo interesante?

Un solar situado en un cruce de calles de São Paulo dio a los arquitectos la oportunidad de crear un nuevo punto de referencia urbano, pero usando los materiales y las técnicas de construcción habituales para que el coste no se disparase. Estos balcones situados aparentemente al azar son en realidad una mera extensión del suelo del piso, y proporcionan complejidad y personalidad al diseño sin salirse del presupuesto.

Top Towers.
São Paulo, Brasil
KÖNIGSBERGER
VANNUCCHI ARQUITETOS

La arquitectura innovadora puede añadir valor a una ciudad sin aumentar los costes.

EN RUTA

En la Tierra hay más de mil millones de coches.
A algún sitio tienen que ir.

GAS

A veces basta con hacer que algo
sea hermoso.

Gasolinera.
Matúškovo, Eslovaquia
ATELIER SAD

El garaje es un ícono bien proporcionado que está orgulloso de su función.

Estructura de un aparcamiento para el Festival Tirolés de Erl.
Erl, Austria
KLEBOTH LINDINGER DOLLNIG

Un collage de fotos tomadas en Venecia se tradujo en este diseño de cuatro capas, que sirvió para dotar a este garaje de una fachada barroca moderna.

Fachada de un aparcamiento de varios pisos.
Skopje, Macedonia
PPGA ARCHITECTS

En la primera gasolinera estadounidense con certificado LEED (Acrónimo de Leadersip on Energy & Environmental Design. Sistema de certificación de edificios sostenibles creado por el US Green Building Council) **se ha utilizado una envoltura de acero inoxidable reciclado.**

Helios House.
Los Ángeles, California, Estados Unidos
OFFICE DA, JOHNSTON MARKLEE,
Y BIG - BJARKE INGELS GROUP

Es una gasolinera, un restaurante,
un parque público y un espejo de agua.
¿Por qué no iban a ofrecer las gasolineras
otros servicios a los viajeros?

Estación de servicio y McDonald's.
Batumi, Georgia
GIORGI KHMALADZE ARCHITECTS

EDIFICIOS INSPIRADOS EN LA NATURALEZA

La naturaleza constituye una parte cada vez más importante del diseño arquitectónico; en lugar de talar árboles, permitimos que nos sirvan de guía. La nueva arquitectura encuentra métodos innovadores para introducir en los edificios los paisajes naturales y disponerlos sobre ellos o a su alrededor.

53 ¿Se puede vivir en una roca?

The Pierre (que en francés significa «piedra»), que tiene una entrada y un tocador de señoras excavados en la roca viva, es una casa que homenajea el escabroso paisaje que rodea su emplazamiento. La piedra penetra en la estructura (llegaron a pulverizar la roca excavada para mezclarla con el cemento para los suelos), y durante su construcción se utilizaron dinamita, cinceles hidráulicos, sierras de alambre y herramientas manuales. En lugar de esconder todo ese proceso, decidieron dejar las marcas que lo revelan con orgullo.

The Pierre.
San Juan Islands,
Washington,
Estados Unidos
OLSON KUNDIG
ARCHITECTS

A lo mejor los cavernícolas tenían razón.

54 ¿Se puede vivir sobre una roca?

Esta cabaña de madera ennegrecida, construida durante unos pocos fines de semana, apoya una pierna en un peñasco; en el interior, la inclinación se convierte en unos grandes escalones que sirven de bancos y de zona para dormir, y que están huecos para poder usarlos como almacén.

Tiny Timber
Forest Retreat.
Bohemia,
República Checa
UHLIK ARCHITEKTI

Los baches del camino pueden ser útiles.

55 ¿Las casas en los árboles son sólo para niños?

Este cubo perfecto de cuatro metros de lado, que pende a mitad del tronco de un árbol, es un recogido espacio habitable para dos personas. Su exterior acristalado permite ver todo el entorno pero se confunde con el bosque circundante; eso si, los pájaros lo ven y pueden esquivarlo gracias a que se le ha dotado de un recubrimiento ultravioleta transparente.

La arquitectura puede camuflarse.

Treehotel.
Harads, Suecia
THAM & VIDEGÅRD
ARKITEKTER

56 ¿Puede una casa abrazar a un árbol?

Ya hace mucho tiempo que los arquitectos estudian el modo en que distintos cuerpos se desplazan por el espacio. En este ejemplo, una mujer que se mueve en silla de ruedas quiso que su hogar girase en torno al jardín. Este replanteamiento de las típicas casas de ladrillo de la década de 1830 sitúa la naturaleza en el centro de sus actividades familiares. Desde su silla de ruedas puede disfrutar contemplando los árboles maduros, desde una casa que fue diseñada para abrazarlos.

El diseño debe tener en cuenta la discapacidad.

Tree house.
Londres, Reino Unido
6A ARCHITECTS

57 ¿Es posible convertir una casa en un árbol en un árbol-casa?

La selva tropical de Vietnam ha dado paso a extensas urbes; menos del 25 por ciento de Ho Chi Minh City está cubierto de árboles. Para ayudar a los residentes a conectar otra vez con la naturaleza, los arquitectos desmontaron una casa dividiéndola en cinco cajones de cemento y convirtieron el techo de cada uno en un macetero gigantesco. Si en el futuro esta idea se aplicase a otras casas, las zonas verdes podrían recoger y filtrar suficiente agua de lluvia como para reducir las inundaciones en la ciudad.

A la arquitectura se le pueden dar bien las plantas.

House for Trees.
Ho Chi Minh City, Vietnam
VO TRONG NGHIA
ARCHITECTS

58 ¿Pueden los edificios nuevos aprender trucos viejos?

El punto de partida para la planificación de este
centro de visitantes fue un petroglifo descubierto
en un asentamiento de una antigua civilización de
comerciantes en Sudáfrica. Estas cúpulas de forma
libre se levantaron usando una técnica de construcción que tiene una antigüedad de 600 años, y que
no sólo sale barata sino que no perjudica al
entorno: trabajadores locales elaboraron los

200.000 ladrillos de tierra apisonada como parte de un programa para luchar contra la pobreza. Aunque se inspira en el pasado, el diseño del centro encaja bien en el siglo veintiuno por sus formas geométricas modernas que crean una topografía nueva en este asentamiento ancestral.

La construcción moderna aún puede aprender de las técnicas antiguas.

Centro de Interpretación de Mapungubwe. Parque Nacional Mapungubwe, Limpopo, Sudáfrica
PETER RICH ARCHITECTS

59 ¿Necesita la arquitectura equilibrada tocar el suelo?

Es posible que la forma de esta casa se inspire en un antiguo granero, pero esta proyección en voladizo, que la permite alzarse a 15 metros sobre el suelo, la convierte en una hazaña verdaderamente moderna de la arquitectura; la mitad exacta del edificio flota en el aire. Esto es posible gracias a una estructura rígida, que recurre a un núcleo de cemento pesado en el punto en que el granero toca el suelo. De la enorme ménsula pende un columpio de proporciones épicas.

La innovación estructural, unida a un presupuesto saludable, hace posible lo imposible.

The Balancing Barn.
Suffolk, Reino Unido
MVRDV

60 ¿Puede el césped servir para algo más que adorno?

Este edificio es un umbral entre el ajetreo urbano y el silencio de los jardines botánicos de Brooklyn. Por eso es mitad edificio, mitad paisaje. Además, su tejado es algo más que un detalle atractivo: está conectado con un sistema que recoge el agua de lluvia para facilitar la filtración natural, además de constituir un icono que atrae a miles de visitantes al jardín.

La arquitectura responsable nos conecta de nuevo con la naturaleza.

Brooklyn Botanic Garden
Visitor Center.
Brooklyn, Nueva York,
Estados Unidos
WEISS/MANFREDI

61 ¿Se puede pintar con hierba una ciudad?

Este muro verde de cinco pisos de altura está formado por 7.600 plantas de 237 especies distintas, y logra transformar un rincón histórico de París en un ejemplo de arquitectura viva. El diseñador partió de una pared de cemento tradicional sobre la cual instaló una estructura de metal, PVC y fieltro no biodegradable, que evita daños para el edificio y permite al mismo tiempo que las plantas crezcan sin tierra. Un sistema de riego incorporado mantiene verdes las plantas, permitiendo que maduren y alteren el paisaje urbano durante varios años.

Muro verde de
Le Oasis d'Aboukir.
París, Francia
PATRICK BLANC

Las plantas mantienen viva la arquitectura histórica.

62 ¿Será un organismo vivo la ciudad del futuro?

En esta asombrosa infografía (creada para el concurso «City of the Future» de Canal Historia), las plantas se convierten en centrales eléctricas que aprovechan la energía solar para que funcione toda una ciudad. A medida que crecen, las plantas se adueñan de la ciudad convirtiéndola en un lugar híbrido: en parte ciudad, en parte bosque. En lo alto, un dosel de plantas modificadas biológicamente atrapa la energía solar y el agua de las nubes. El dosel está a poca altura en las zonas abiertas, suburbanas, y se aleja del suelo en los vestigios abigarrados del centro urbano.

MEtreePOLIS.
(Proyecto)
Atlanta, Georgia,
Estados Unidos
HOLLWICH KUSHNER
(HWKN)

La planificación urbanística colabora con la ley de la selva.

REFUGIOS
FRENTE A LA TORMENTA

Los cambios climáticos y meteorológicos suponen un peligro para nuestro entorno urbanizado, pero también le ofrecen una oportunidad. Normalmente, cuando nos enfrentamos a las catástrofes naturales la arquitectura es la primera línea de defensa. Pero la arquitectura también puede dominar la naturaleza para empoderar a los ciudadanos. En la actualidad, que cada diez años descargan tormentas que antes sólo se daban una vez cada cien años, y sin perder de vista que la demanda energética aumenta y varía exponencialmente, el mundo necesita una arquitectura que tenga en cuenta todas las facetas de la naturaleza.

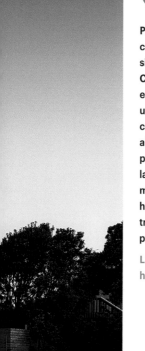

63 Cuando hay tormenta, ¿puede batirse en retirada una casa?

Para evitar ser destruidas durante las inevitables y cada vez más intensas tormentas, las construcciones situadas en la zona de erosión costera de la península Coromandel deben ser transportables. Esta casa enfoca este requisito como un reto para disfrutar de un diseño creativo. La estructura se comporta casi como una tienda de campaña de madera: un plafón abatible se levanta para formar una marquesina protectora, y se cierra para resguardar el interior de la casa cuando hace mal tiempo. Como la casa está montada sobre dos travesaños, es posible deslizarla hacia la parte trasera de su emplazamiento, o transportarla por la playa y subirla a una barcaza para llevarla a otro lugar.

La Tierra cambia, y la arquitectura también debe hacerlo.

Hut on Sleds.
Whangapoua, Nueva Zelanda
CROSSON CLARKE
CARNACHAN ARCHITECTS

64 ¿Se puede buscar la salvación en tubos de papel?

Después de que un terremoto devastara la ciudad de Christchurch, en Nueva Zelanda, sus habitantes tuvieron que lamentar no sólo las pérdidas humanas, sino también la de su iglesia más importante. Un arquitecto propuso un ejemplo de «arquitectura de emergencia»: una iglesia construida en poco tiempo usando tubos de papel, contenedores de mercancías y un recubrimiento de policarbonato ultraligero. La estructura no podría ser más sencilla, y el resultado es espectacular.

La reconstrucción después de una catástrofe es una ocasión para ser creativos.

Cardboard Cathedral. Christchurch, Nueva Zelanda
SHIGERU BAN

65 ¿Una infraestructura ecológica puede darnos superpoderes?

Esta presa hidroeléctrica genera 10.500 millones de kilowatios (suficientes para proporcionar electricidad a tres mil hogares), ¡pero esto no es lo más increíble que puede hacer! Lo más sorprendente de esta presa es el respeto que mostraron los arquitectos por el entorno circundante. Los arquitectos tuvieron en cuenta el ruido ambiental, los caminos peatonales e incluso la ruta que siguen los peces. Su forma sinuosa hace que sea algo más que una simple infraestructura: es una escultura pública y eficiente que encanta a los ciudadanos.

La protección puede consistir en algo más que barreras de seguridad.

Central hidroeléctrica.
Kempten, Alemania
BECKER ARCHITEKTEN

66 ¿Puede lo divertido ser práctico?

La calidad del aire que respiramos está empeorando, sobre todo en las zonas urbanas. ¿Quién podrá ayudarnos? Os presento a Wendy. Wendy maximiza su superficie para exponer al medio ambiente la mayor cantidad posible de su recubrimiento de nanopartículas de titanio. Cada pie cuadrado de su superficie (0,09 metros cuadrados) extrae CO_2 de la atmósfera, lo que en conjunto equivale a retirar de las carreteras 250 vehículos. Lo mejor de Wendy es que tiene personalidad: es grande, azul y puntiaguda, proyecta chorros de agua y además tiene nombre de pila. El proyecto no sólo fue un experimento ecológico, sino también social.

La arquitectura puede tener personalidad y beneficiar a la Tierra.

Wendy: proyecto ganador del MoMA/PS1
Young Architects Program de 2012.
Queens, Nueva York, Estados Unidos
HOLLWICH KUSHNER (HWKN)

67 ¿Diseñar para protegernos de las catástrofes naturales?

En una zona que hace doscientos años era un pantano, este campo de juegos costero situado en Hunter's Point tiende a inundarse cuando hay tormenta. Los arquitectos colaboraron con el equipo de ingenieros para prevenir esta contingencia: el terreno de juego ovalado, más bajo que el terreno que lo rodea, está diseñado para inundarse y actuar como barrera que protege el resto del parque y el barrio adyacente. Se trata de un sistema de capas que sacrifica conscientemente el campo de juego en caso de tormenta, en lugar de tener que sustituir infraestructuras y viviendas, una alternativa mucho más dificultosa.

La arquitectura nos ayuda a establecer prioridades durante una catástrofe.

South Park de Hunter's Point.
Queens, Nueva York, Estados Unidos
THOMAS BALSLEY ASSOCIATES
Y WEISS/MANFREDI

68 ¿Puede la arquitectura librarnos del apocalipsis?

Este edificio es una especie de caja fuerte para las semillas del mundo. Estas instalaciones de tecnología puntera de almacenamiento, emplazadas en el interior de una montaña de una isla remota ubicada entre Noruega y el Polo Norte, constituyen lo que los científicos consideran un modo infalible de proteger las cosechas alimentarias en caso de que se produzca una catástrofe de origen humano o natural. Esta colección de millones de semillas, una verdadera copia de seguridad, está protegida por un grueso manto rocoso y de permafrost, y puede permanecer congelada en caso de que se produzca una interrupción del suministro eléctrico, garantizando así la provisión alimentaria durante siglos.

Svalbard Global
Seed Vault.
Longyearbyen, Noruega
BARLINDHAUGKONSERNET

Pan para hoy sin hambre para mañana.

69 ¿Puede la arquitectura ser una esponja?

Después de que en 2012 el huracán Sandy devastara los barrios costeros de Nueva York, la ciudad se enfrentó a una ingente tarea. Se eligió a seis equipos de diseño para que desarrollaran planes innovadores para proteger la zona de tormentas futuras. Entre estos planes figura la construcción de enormes bermas que protegerán a la comunidad de East River Park de las crecidas originadas por las tormentas, ofreciendo al mismo tiempo un nuevo espacio recreativo, dotándola de una infraestructura ecológica que almacenará el excedente de agua y evitará las inundaciones. En esta foto se aprecia la Big U («la gran U»), una serie de bermas y zonas verdes destinadas a absorber el agua de las crecidas provocadas por las tormentas.

The Big U:
Rebuild by Design
competition.
(Proyecto) Nueva York,
Nueva York,
Estados Unidos
BIG TEAM, INTERBORO
TEAM, MIT CAU + ZUS +
URBANISTEN, OMA,
PENNDESIGN/OLIN, Y
SCAPE / LANDSCAPE
ARCHITECTURE

Una mala situación puede inspirarnos a hacer el bien.

70 ¿Cuántas funciones puede tener un tejado?

Conforme la temperatura en el mundo entero va en ascenso, los tejados desempeñan un papel clave en la lucha contra el cambio climático. En la senda del progreso tecnológico, este edificio dispondrá de lo que SHoP Architects llaman «una manta energética»: se trata de un tejado diseñado para recoger y conservar la energía usando toda una gama de técnicas innovadoras, entre ellas paneles solares, un sistema de recolección y de reciclaje de agua y unos saledizos enormes que dan

sombra al interior del edificio. La misión de este centro de investigación de 25.000 m² es respaldar la innovación y el espíritu empresarial en Botsuana. Consta de un centro de procesamiento de datos, varias plantas dedicadas a la ingeniería y un laboratorio destinado al estudio del VIH, dirigido por un consorcio internacional.

Hasta las incubadoras necesitan sombra.

Botswana
Innovation Hub.
Gaborone, Botsuana
SHOP ARCHITECTS

MINIMALISTAS

En el año 2050, más del 80 por ciento de la población mundial vivirá en las ciudades.
Esto quiere decir que hasta el último palmo de terreno tiene su importancia.

¿Lograremos pensar en pequeño?

Un capullo de poliéster envuelve un espacio multifuncional semejante a un huevo. En su interior hay un lavabo, una cocina y espacios para dormir y almacenar cosas. Cuando se abre la parte delantera, ese extremo se convierte en un porche.

Blob VB3.
Mechelen, Bélgica
DMVA ARCHITECTEN

Esta casa transparente de 85 metros cuadrados se inspira en la idea de vivir en un árbol; dispone de 21 niveles situados a diversas alturas, que ofrecen a sus propietarios una pluralidad de espacios casi infinita.

House NA.
Tokyo, Japón
SOU FUJIMOTO ARCHITECTS

Esta casa de 19 metros cuadrados dispone de cuatro habitaciones y su construcción costó una cuarta parte del precio que tiene un apartamento de dimensiones parecidas en la misma zona.

Boxhome.
Oslo, Noruega
RINTALA EGGERTSSON ARCHITECTS

Este recipiente prefabricado satisface la necesidad de proporcionar una vivienda segura a los millones de habitantes que viven en condiciones deplorables en los 2.700 asentamientos informales que hay en Sudáfrica.

Unidad de vivienda POD de Mamelodi, Pretoria, Sudáfrica
ARCHITECTURE FOR A CHANGE

Esta vivienda, que es en parte una instalación artística y en parte la residencia de un artista, tiene una anchura mínima de 71 centímetros en su punto más estrecho y una máxima de 1,20 metros.

Keret House.
Varsovia, Polonia
JAKUB SZCZĘSNY

Esta diminuta oficina encajada como un mejillón entre dos edificios más grandes permite que el tráfico fluya por debajo de ella.

Parasite Office.
Moscú, Rusia
ZA BOR ARCHITECTS

CATALIZADORES
SOCIALES

Las ciudades son organismos vivos; sin el caldo de cultivo apropiado se marchitan y mueren. La arquitectura tiene la capacidad de insertar a los individuos en una comunidad y de dotar de energía a las esquinas olvidadas de nuestro tejido urbano. Las comunidades emplean la arquitectura para plantar una bandera y congregarse en torno a ella. Los catalizadores pueden ser centros para jóvenes, centros de culto religioso, bibliotecas e incluso colmenas; pero, independientemente de cuál sea su uso, la arquitectura es un instrumento poderoso para fomentar el arte de la comunidad.

71 ¿Dejarías jugar a tus hijos en un baldío industrial?

Los solares postindustriales no siempre despiertan el entusiasmo de las comunidades, pero este proyecto convirtió un almacén inutilizado y un baldío (una zona que había tenido un uso industrial) en un parque público y un espacio para representaciones, que además cuenta con un anfiteatro que surge como una ola de un paseo de madera. Ahora, este depauperado pueblo ferroviario de Virginia tiene un nuevo motivo de orgullo que hunde sus raíces en la naturaleza, no en las ruinas industriales.

El paisajismo puede convertir lo marrón en verde.

Smith Creek Park.
Clifton Forge, Virginia,
Estados Unidos
DESIGN/BUILDLAB
AT VIRGINIA TECH

72 ¿Se puede nadar en aguas fecales?

La ciudad de Nueva York está rodeada de agua, pero seguro que no te apetece bañarte en ella; las alcantarillas de la ciudad desaguan directamente en sus ríos cada vez que llueve. Esta situación va a cambiar gracias a una iniciativa financiada colectivamente que pretende construir la primera piscina flotante del mundo que actuará como filtro de agua. Esta gigantesca piscina (como un filtro Brita pero a lo grande) filtrará cada día hasta 1.900.000 litros diarios de agua fluvial; lo que a largo plazo limpiará los ríos y creará un espacio de ocio público muy necesario, que volverá a conectarnos con el frente marítimo urbano.

Es tu ciudad: lo normal es que la disfrutes.

Iniciativa Plus POOL
(Proyecto). Nueva York,
Nueva York,
Estados Unidos
FAMILY AND PLAYLAB

73 ¿Pueden las abejas combatir las plagas vegetales?

Era necesario trasladar una colonia de abejas que se había refugiado en un edificio abandonado. Con este fin, un grupo de estudiantes de arquitectura de la zona les diseñaron un nuevo hogar en esta torre con forma de panal de 6,70 metros de altura y que dispone de unos paneles de acero perforado destinados a proteger a la colmena del viento y la meteorología. En su interior hay una caja de madera de ciprés dotada de un suelo de cristal, que permite que los visitantes vean cómo viven las abejas. El nuevo hábitat constituye un instrumento educativo para niños y para adultos por igual, permitiéndoles ser testigos de la regeneración económica y medioambiental que se produce en este barrio de Buffalo.

Las zonas urbanas infrautilizadas pueden convertirse en una colmena de actividad.

Hive City: Elevator B.
Buffalo, Nueva York,
Estados Unidos
UNIVERSITY AT BUFFA
SCHOOL AT ARCHITEC
AND PLANNING

74 ¿Puede un edificio alimentar a una comunidad?

Este terreno de cultivo de 3.700 metros cuadrados situado en la azotea de un edificio que fue una fábrica en el siglo XX, es la granja de su clase más grande de Estados Unidos. Los huertos, que forman parte de una iniciativa local con ánimo de lucro que ya cuenta con dos azoteas en Nueva York, producen anualmente más de 22.800 kilos de alimentos orgánicos para los residentes. Es un sistema local y orgánico, y aprovecha un edificio que durante años no tuvo ninguna utilidad.

Únete al movimiento «del tejado a la mesa».

Brooklyn Grange.
Queens, Nueva York
Estados Unidos
BROMLEY CALDARI
ARCHITECTS

75 ¿Puede la pintura unir a una ciudad?

Este proyecto artístico público comenzó en 2010 mediante la colaboración entre los artistas holandeses Jeroen Koolhaas y Dre Urhahn y un equipo local en la favela de Santa Marta, en Río de Janeiro (en Brasil, las favelas son barrios de chabolas), quienes la convirtieron en un lugar más lleno de personalidad y atractivo. Desde entonces han extendido su movimiento por todo el mundo, transformando una zona ruinosa situada al

norte de Filadélfia y trabajando con comunidades en Curaçao y en otros lugares, para modificar los espacios públicos de zonas deprimidas económicamente de forma que llamen positivamente la atención y fomenten el impulso económico.

El cambio positivo puede estar en unas pocas latas de pintura.

Favela Painting Project.
Río de Janeiro, Brasil
HAAS&HAHN

76 ¿Puede el color alegrar tus desplazamientos en transporte público?

A tan sólo unos metros de distancia de una de las plazas históricas de Bratislava, durante años hubo una terminal de autobuses descuidada y pobremente iluminada. Para hacerle la vida más placentera a los viajeros, los arquitectos solicitaron a los vecinos de la zona que pintasen mil metros cuadrados del pavimento con pintura asfáltica de color verde. Dos años más tarde llevaron un paso más lejos esa intervención de bajo coste, instalando elementos de iluminación financiados por suscripción popular y elaborados con cuatro mil metros de precinto de embalar blanco. El espacio resultante es luminoso y alegre, y supone un cambio radical frente a aquella deslustrada estación que fue en el pasado.

Terminal de autobuses bajo un puente.
Bratislava, Eslovaquia
VALLO SADOVSKY
ARCHITECTS

Un espacio público inspirador no tiene por qué ser caro, pero sí inteligente.

77 ¿Puede el diseño mejorar la calidad de vida de las mujeres?

La organización sin ánimo de lucro Women for Women International forma a las supervivientes de guerras en trabajos que tienen demanda, capacitándolas para reconstruir sus comunidades. Un diseñador colaboró con la organización para levantar un centro comunitario que dispone de una atractiva plaza pública, un punto de reunión diseñado para salvar el abismo entre los compradores urbanos y los granjeros rurales. Las vecinas se ocupan del mantenimiento de los sistemas sostenibles de esta instalación, y esto garantiza que exista una sólida red local que podrá sustentar a la comunidad durante las próximas generaciones.

Women's Opportunity Center.
Kayonza, Ruanda
SHARON DAVIS DESIGN

La arquitectura ayuda a reconstruir vidas.

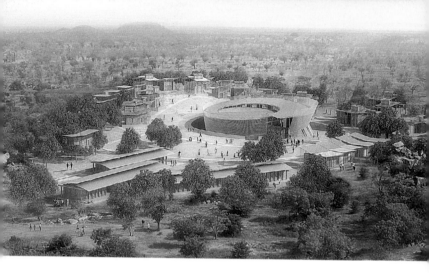

78 ¿Puede una ópera dar fuerza a un pueblo?

En 2009, el arquitecto burkinés Francis Kéré formó equipo con el ya desaparecido director de cine y de teatro Christoph Schlingensief para construir un teatro de ópera en la zona rural de Laongo. Ambos se embarcaron en un viaje apasionante para fomentar la identidad cultural de la región, que ya era el centro de la industria cinematográfica y teatral de África. Este «teatro de ópera para África», que todavía está en proceso de construcción junto con un centro educativo, ya ha generado el encuentro de los residentes de la zona con las manifestaciones musicales autóctonas, con objeto de crear música hermosa en un campus de 121.000 m², que incluye una escuela para 500 alumnos y un centro sanitario.

Una comunidad creativa en su propio oasis.

Opera Village.
Laongo, Burkina Faso
KÉRÉ ARCHITECTURE

79   ¿Puede una caseta de jardineros unir a toda una comunidad?

Esta humilde caseta de jardineros adopta una forma fantástica para no proyectar sombra sobre las parcelas del jardín. La construcción, hecha con materiales libres de agentes químicos, crea un punto de encuentro sombreado, mientras que las paredes de madera chamuscada de cedro sirven de tablón de anuncios y foro para compartir consejos. El diseño de las tablillas de madera, dispuestas en espiga, filtra la luz al interior a la vez que crea un emparrado para las vides de temporada.

La arquitectura es como la jardinería: cosechamos lo que sembramos.

Caseta del Woodlands Community Garden. Vancouver, Canadá
BRENDAN CALLANDER, JASON PIELAK, Y STELLA CHEUNG-BOYLAND

80 ¿Pueden las casas pequeñas ser grandes casas?

Los demógrafos calculan que en el año 2040 en Nueva York habrá como mínimo un millón más de residentes que en la actualidad, y se prevé que muchos de ellos serán miembros de familias de uno o dos miembros con ingresos medios, que no podrán optar a los subsidios o a la financiación gubernamentales. El concurso adAPT NYC, patrocinado por el ayuntamiento, propuso buscar nuevas soluciones para paliar este aumento de la población. Este proyecto ganador recurre como solución a unas viviendas modulares que se pueden apilar para crear 55 nuevas microviviendas de hasta 24 metros cuadrados. Este concepto se puede adaptar a muchas ubicaciones distintas, y esto permite a los urbanistas satisfacer las necesidades cambiantes de los ciudada-nos a la misma velocidad con la que crecen las ciudades.

Las ciudades también necesitan viviendas para maes-tros y enfermeras.

Proyecto ganador del concurso My Micro NY: adAPT NYC. (Proyecto) NARCHITECTS

81 ¿Puede la arquitectura recurrir al crowdsourcing* y luego al crowdfunding la financiación popular?

«Mi Ciudad Ideal» es un esfuerzo de *crowdsourcing* para documentar los deseos de los ciudadanos sobre el futuro de su ciudad y luego plasmarlos mediante la financiación popular (*crowdfunding*). Este programa iniciado en Bogotá, Colombia, ya cuenta con la participación de más de 130.000 ciudadanos. Este novedoso enfoque «de abajo hacia arriba» aplicado a la planificación urbanística se adapta muy bien a las ciudades latinoamericanas, donde el tremendo aumento del número de ciudadanos de clase media exige soluciones innovadoras. El primer ejemplo de este proyecto es BD Bacatá, un rascacielos construido por Prodigy Network y patrocinado por BD Promotores, una empresa que tiene el récord mundial en financiación colectiva. Se trata de un paso importante en el terreno de la participación y la inversión ciudadana en las necesidades cambiantes de una ciudad.

130.000 cabezas son mejor que una sola.

Plano del proyecto de revitalización del centro de Bogotá, de la iniciativa Mi Ciudad Ideal. (Proyecto) Bogotá, Colombia
WINKA DUBBELDAM, ARCHI-TECHTONICS

* Recopilación de opiniones, ideas y saberes colectivos (N. del E.)

82 ¿Qué pasa cuando la arquitectura hace de marcador?

En menos de seis meses, los arquitectos de estas instalaciones deportivas sufragadas por Nike crearon un espacio en el que a lo largo del año pueden jugar 20.000 futbolistas de todas las edades. Estas instalaciones, que son las primeras de su clase en África, están diseñadas para dar sensación de espacio abierto, pero la criminalidad es una realidad cotidiana en este barrio de Johannesburgo. La transparencia del edificio da la bienvenida a la comunidad y proporciona en todo momento una seguridad invisible. El centro cuenta con un número limitado de accesos, y su fachada de celosías de madera crea un perímetro exterior infranqueable; mientras que los amplios ventanales acristalados dan al terreno de juego vallado y situado en el centro del complejo. Los arquitectos solicitaron a Kronk, un artista local, que convirtiese la verja de seguridad en una obra de arte personalizada, ocultando así su verdadero propósito.

Football Training Centre.
Soweto, Sudáfrica
RURAL/URBAN/FANTASY
PROJECT

La arquitectura debe proteger y servir.

83 ¿Puede una biblioteca iluminar como un faro?

La nueva biblioteca de Alejandría está construida aproximadamente en el mismo sitio que aquella otra que fundó Alejandro Magno hace 2.300 años, pero las similitudes acaban ahí. El edificio es un gigantesco círculo ladeado de 160 metros de diámetro. El techo acristalado permite que entre la luz en un grado idóneo para proteger los libros y llenar el espacio con la iluminación natural. Como muchas bibliotecas modernas, esta institución tiene una misión que va más allá de los libros (aunque puede albergar hasta ocho millones de volúmenes, y afirma que tiene la sala de lectura más grande del mundo). La biblioteca, que cuenta con un planetario, cuatro museos, una escuela de ciencias de la información e instalaciones para la conservación, juega dentro de la comunidad un papel nuevo y más importante que en cualquier otro momento de la historia.

Un techo nuevo puede insuflar nueva vida a una biblioteca antigua.

Bibliotheca Alexandrina.
Alejandría, Egipto
SNØHETTA

84 ¿Podemos casarnos en un aparcamiento?

En Estados Unidos hay más de 105 millones de plazas de aparcamiento comerciales, y no siempre están ocupadas. Este aparcamiento de Miami Beach ha creado un espacio recreativo urbano gracias a sus 300 plazas. Cuando están vacías se les puede dar un nuevo uso, gracias a unos techos altísimos y a unas vistas espectaculares. Cuando no hay vehículos, el edificio se usa para impartir clases de yoga por las mañanas y se alquila para diversos acontecimientos por las noches.

Las plazas de aparcamiento vacías pueden convertirse en estupendas infraestructuras públicas.

1111 Lincoln Road.
Miami Beach, Florida,
Estados Unidos
HERZOG & DE MEURON

85 ¿Puede una biblioteca ser relevante en la era digital?

Cuando renovaron la biblioteca pública de Seattle, los arquitectos reflexionaron sobre nuestra manera de utilizar los medios de comunicación en la era digital, y convirtieron la biblioteca en un espacio de ocio con un peso específico, reconvirtiéndola en una institución dedicada a algo más que a los libros. Incluso dotaron de un diseño nuevo al sistema decimal Dewey para que el lugar fuese más intuitivo y acogedor. La forma del edificio es el resultado directo de esta redisposición.

Las bibliotecas aún tienen mucho que aprender.

Seattle Central Library.
Seattle, Washington,
Estados Unidos
OMA + LMN

86 ¿Puedes broncearte bajo tierra?

La High Line de Manhattan es la prueba fehaciente de que una vía férrea elevada puede disfrutar de una segunda vida como espacio público vibrante. Ahora, un proyecto llamado The Lowline aspira a convertir una terminal de tranvías desaprovechada en un foro subterráneo para celebrar acontecimientos y actividades durante todo el año. En el proyecto se emplea una tecnología solar punta llamada «claraboya remota» para captar la luz del sol y proyectarla hacia abajo; esto permite que las plantas, y las personas, disfruten de un espacio que antes era inhabitable.

The Lowline. (Proyecto). Nueva York, Nueva York, Estados Unidos
RAAD STUDIO

A medida que escasean los espacios urbanos, los apreciamos más.

87 ¿Pulsar un interruptor da vida a un barrio?

Este edificio tan luminoso y esbelto, que forma parte de la Universidad Diderot de París, tiene al lado un voluminoso edificio académico. El nuevo inmueble da a una plaza pública y sirve de luminoso contrapunto gravitacional al bloque ya existente. La primera planta, abierta, invita a los visitantes a entrar en él, y por la noche el edificio entero se convierte en un icono idiosincrásico de la universidad.

M3A2 Cultural and Community Tower. París, Francia
ANTONINI DARMON ARCHITECTES

Los opuestos se atraen.

HACIA EL FUTURO

Una y otra vez nos han acostumbrado a esperar lo mismo de los edificios: que sean cajas inertes hechas de cemento, acero y cristal. Pero en el futuro cercano, los inmuebles serán tremendamente distintos a todo lo que conocemos hoy en día. El punto de partida de esta transformación es una tecnología que incide en nuestros materiales de construcción, porque nuestra manera de construir influye en lo que construimos. Las tecnologías emergentes del presente, desde las casas moldeadas por una impresora 3D hasta los ladrillos hechos con setas, miran más allá del martillo y los clavos para imaginar una nueva forma de edificar.

88 ¿Puede un edificio limpiar el aire?

¡Bienvenido a la era de los edificios que comen polución! Esta construcción de 13.000 metros cuadrados, que según está previsto hará su presentación en sociedad en la Expo de Milán de 2015, se convertirá en un filtro de aire para la ciudad, y dispondrá de una fachada de cemento que absorberá los contaminantes atmosféricos convirtiéndolos en sales inocuas que luego la lluvia se encargará de disolver.

Pabellón de Italia.
Milán, Italia
NEMESI & PARTNERS

La arquitectura nos ayuda a respirar tranquilos.

89 ¿Podemos imprimir una casa?

La 3D Print Canal House es una exposición y un punto de experimentación que reconstruye la típica casa holandesa junto a un canal, convirtiéndola en un hogar modelado por una impresora 3D, propio del siglo veintiuno. Durante el proceso de elaboración, los archivos digitales se transforman en bloques de construcción tangibles usando un KamerMaker, una versión a gran escala de una impresora 3D. Esto permite que los diseñadores creen componentes detallados según el estilo local. La casa es fabricada *in situ*, de manera que no hay que pagar costes de transporte de material y el potencial para la fabricación local es alto; esto significa que las ciudades ya no tendrán por qué buscar materiales de construcción baratos en lugares lejanos, porque la tecnología de impresión en 3D es aplicable en la misma zona de construcción.

3D Print Canal House.
(Proyecto)
Ámsterdam, Holanda
DUS ARCHITECTS

El conocimiento nace de la fabricación.

90 ¿Pueden las setas desbancar al ladrillo?

Estos ladrillos están hechos de setas. ¡Sí, setas! Estos «bioladrillos» se cultivaron en el interior de bandejas reflectantes elaboradas con una película que también lo es. Más adelante se dispusieron esos contenedores reflectantes en lo alto de la torre para que la luz solar se propagase por toda la estructura y el espacio circundante. La forma de la torre también está pensada para aumentar su eficacia, porque permite que se refrigere sola al empujar el aire caliente hacia la parte superior. Como contrapartida a los rascacielos neoyorquinos, que consumen muchísima electricidad, Hy-Fi nos permite echar una mirada esclarecedora al futuro. Espero que te gusten las setas.

Podemos cultivar el futuro.

Hy-Fi: proyecto ganador del MoMA/PS1 Young Architects Program de 2014. Queens, Nueva York, Estados Unidos
THE LIVING

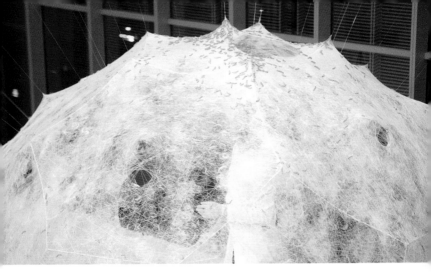

91 ¿Pueden los gusanos reemplazar a los obreros?

Ya sabemos que la seda no parece el material de construcción más sólido del mundo, pero un grupo del MIT empleó 6.500 gusanos de seda para que construyesen una estructura que vincula la naturaleza con la tecnología de una manera totalmente novedosa. Programaron un brazo robótico para que montase un marco sobre un andamiaje metálico, proporcionando a los gusanos una especie de mapa. Cuando liberaron a los gusanos sobre la estructura, éstos reaccionaron a la luz, el calor y la geometría, creando formas que reflejaban su entorno. La cúpula resultante podría servir de inspiración a los investigadores para diseñar y elaborar estructuras de fibra artificial que antes ni siquiera habíamos imaginado.

La arquitectura puede imitar la hermosa eficacia de la naturaleza.

Silk Pavilion.
Cambridge, Massachusetts,
Estados Unidos
MIT MEDIA LAB MEDIATED
MATTER GROUP

92 ¿Puede respirar el metal?

La parte exterior de un edificio, su piel, debería parecerse más a la dermis humana, que es dinámica y reacciona ante su entorno. Ésta es la idea que subyace en este termo-bimetal inteligente. Como está fabricado con dos tiras de metales distintos que responden de forma diferente al calor, este material de construcción experimental no requiere ni control ni energía para reaccionar ante los cambios de temperatura. Una vez instalado, su naturaleza reactiva permite que el sistema se ventile los días que hace calor, mientras que al mismo tiempo le proporciona sombra.

Bloom.
(Proyecto)
DORIS KIM SUNG

Si los humanos respiramos, ¿por qué no van a hacerlo nuestras viviendas?

93 ¿Y si las casas fueran de carne?

En el futuro podrás vivir dentro de un cerdo. . . más o menos. Durante la creación del Meat Habitat ningún animal ha sufrido daño alguno; se trata de un modelo a escala de una vivienda elaborado con células cárnicas cultivadas en un laboratorio. El concepto nos invita a sustituir los materiales de construcción tradicionales por células de cerdo que se imprimen en 3D para crear edificios a tamaño natural. ¡Y no te preocupes por los conservantes! La piel se cultiva usando benzoato sódico para matar las levaduras, las bacterias y los hongos; durará más que un KitKat en su envoltorio de celofán.

In Vitro Meat Habitat.
(Proyecto)
MITCHELL JOACHIM,
DE TERREFORM ONE

Si repensamos las estructuras materiales, podemos cultivar nuestras viviendas.

94 ¿Pueden las bacterias ser tu arquitecto?

Este muro inhabitable de 6.000 kilómetros de longitud, situado en el desierto del Sahara, no se construye, crece por su cuenta con la ayuda de unas bacterias que convierten la arena en piedra arenisca. Ésta es la idea en la que se basa Dune, una estructura de arena creada de forma natural que se fundamenta en una reacción biológica: la arenisca crece con la ayuda del *Bacillus pasteurii*, un microorganismo bacteriano que se encuentra en las marismas y los humedales. Una vez introducidas, las bacterias podrían crear una estructura sólida y habitable en menos de una semana, algo que abre nuevas posibilidades para la construcción rápida de alojamientos para refugiados en el desierto.

El desierto está vivo.

Dune.
(Proyecto)
Desierto del Sahara, norte de África
MAGNUS LARSSON

95 ¿Puede la arquitectura ser Wiki?

WikiHouse es un pequeño experimento basado en una gran idea: que personas que no son arquitectos puedan construir una casa en cualquier lugar usando muy pocas herramientas y tras recibir una formación mínima. Este sistema de construcción de fuente abierta permite que cualquiera diseñe, comparta, descargue e «imprima» (con una fresadora) viviendas que se pueden construir rápidamente usando materiales laminados, como la madera contrachapada, que salen baratos pero también se adaptan a las necesidades locales. Entre las soluciones, en constante desarrollo, se cuentan la construcción de viviendas y de una fábrica tras un seísmo que afectó una de las favelas de Río de Janeiro.

WikiHouse.
(Proyecto)
ALASTAIR PARVIN

Diseño al 100 por 100.

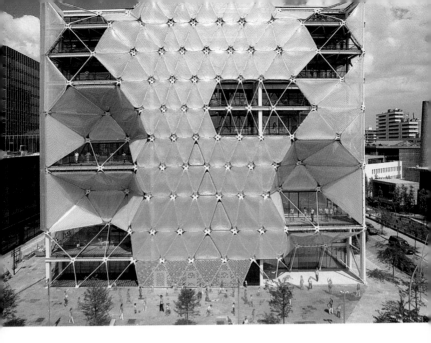

96 ¿Puede un edificio tener reflejos?

El vistoso Edificio Media-ITC se diseñó como un espacio de colaboración centrado en el desarrollo de las nuevas tecnologías. Sus paredes exteriores reflejan este propósito, puesto que están dotadas de una piel traslúcida formada por burbujas hinchables que regulan la temperatura. Unos sensores inflan automáticamente los cojines que dan sombra al bloquear la luz, reduciendo así el gasto de la refrigeración en los días que hace calor, o los desinflan para permitir el paso de una mayor cantidad de luz cuando está nublado.

La arquitectura hecha de aire puede evitar que sudemos.

Media-ITC.
Barcelona, España
ENRIC RUIZ-GELI/CLOUD 9

97 ¿Y si los drones transportasen ladrillos en vez de misiles?

La Flight Assembled Architecture [edificaciones levantadas desde el aire] es una instalación construida por robots voladores. Para levantar la estructura, de seis metros de alto, un grupo de helicópteros de cuatro aspas trasladaron 1.500 ladrillos de gomaespuma disponiéndolos en función de datos de diseño digital que controlan su actividad de forma dinámica. Esta mirada visionaria sobre la construcción es el resultado de la colaboración entre los arquitectos Gramazio & Kohler y el inventor Raffaello D'Andrea, que pertenecen a una nueva generación de arquitectos que pretenden ampliar los límites del diseño y la fabricación digitales.

Flight Assembled
Architecture.
(Proyecto)
Orléans, Francia
GRAMAZIO & KOHLER Y
RAFFAELLO D'ANDREA

Ni grúas, ni escaleras, ni límites.

98 ¿Es posible construir un rascacielos en un solo día?

Hasta hace poco, para construir un rascacielos hacía falta emplear varios años. Pero un grupo de arquitectos chinos está transformando todo lo que sabemos sobre la construcción: levantaron un hotel de quince pisos en seis días, y luego otro de treinta pisos en poco más de dos semanas. El secreto está en la prefabricación: montaron en una fábrica grandes secciones del edificio, eliminando así el desperdicio de material y las demoras que suelen producirse en el solar. Según la Academia China de la Investigación sobre la Construcción, esta torre resiste los terremotos cinco veces más que cualquier otra construida con los métodos tradicionales.

T30 Hotel.
Provincia de Hunan,
China
BROAD GROUP

Aunque se pueda construir un bloque en un abrir y cerrar de ojos, debe resistir el paso del tiempo.

99 ¿Se puede construir un rascacielos de madera?

Si pensamos en un rascacielos de madera seguro que sentimos cierto escepticismo, y además nos planteamos un montón de preguntas como ¿resistiría un terremoto? ¿Y si se incendia? Pero el ganador de este concurso de diseño propone construir un rascacielos de 34 pisos, hecho de madera, que gozará del mismo grado de seguridad que los construidos con acero o cemento, pero además ahorrará materiales y tendrá una acústica superior a la de los edificios tradicionales. Este proyecto es algo más que pura especulación; la asociación constructora de viviendas más grande de Suecia ha planeado concluir esta obra en el año 2023.

Ganador del concurso HSB de Estocolmo. (Proyecto) Estocolmo, Suecia BERG | C.F. MØLLER Y DINELLJOHANSSON

Las ideas nuevas pueden crecer en los árboles.

100 ¿Y si tu casa la construyera una vaca?

Para levantar esta estructura experimental, bautizada ingeniosamente como **La Trufa**, un grupo de arquitectos excavó un agujero, lo forró de heno y luego lo revistió todo con cemento. Una vez fraguó el cemento, trasladaron a su interior a una ternera llamada *Paulina*, que durante un año se fue comiendo todo el heno y, durante el proceso, fue practicando una pequeña cueva; al final sólo quedaron los arañazos y otras señales de cómo se había elaborado aquel espacio. Se trata de una vivienda increíblemente fea que se convirtió en el lugar más sublime desde donde observar una puesta de sol española. También es una combinación de los dogmas más importantes de la arquitectura del futuro: basarse en técnicas conocidas, tener muy en cuenta el medio ambiente, ser ingeniosos y conservar una sencillez genial. ¡Muuu!

La Trufa.
Laxe, España
ENSAMBLE STUDIO

El futuro de la arquitectura te sorprenderá.

Esperamos que después de haber viajado por estos cien edificios te haya quedado claro que el futuro de la arquitectura no pasa por una solución perfecta y universal. Los arquitectos de todo el mundo colaboran estrechamente con sus clientes y con constructores expertos para diseñar construcciones únicas, adaptadas a las necesidades cambiantes del medio ambiente y de la sociedad. Están ampliando las fronteras, avanzando con paso firme hacia el futuro desconocido. Y necesitan que les ayudes.

No seas un mero espectador que permite que la arquitectura *le pase*. Busca un arquitecto. Estudia las últimas ideas sobre arquitectura. Habla con las personas que diseñan los lugares en los que pasas tu vida. Habla con tus vecinos, tus compañeros de trabajo, tus amigos y familiares, y exigid juntos una arquitectura mejor.

Recuerda: la arquitectura no sólo representa a tu comunidad, sino que conforma tu sociedad. Si le pides a la arquitectura que trabaje para ti y refleje las prioridades de tu comunidad y del mundo, te sorprenderán las posibilidades que puede aportar a todas las facetas de tu vida.

¡A construir!

CRÉDITOS DE LAS FOTOGRAFÍAS

1 Anthony Dubber y James Morris

2 Marc Lins Photography

3 diephotodesigner, Reiulf Ramstad Arkitekter

4 diephotodesigner, cortesía de Snøhetta

5 Iwan Baan

6 Minarc (Tryggvi Thorsteinsson, Erla Dögg Ingjaldsdóttir)

7 Luis García

8 Mika Huisman

9 Roland Halbe

10 © Foster + Partners / ESA

11 Roos Aldershoff Fotografie

12 Lv Hengzhong

13 Jeff Goldberg / Esto

14 Peter Clarke

15 Morris Adjmi Architects

16 Heatherwick Studio

17 Johannes Arlt, laif / Redux

18 Roland Halbe

19 Brenchley Architects / Elizabeth Allnut Photography

20 Fernando Alda y David Franck

21 Tamás Bujnovszky

22 LOT-EK

23 Bernardes + Jacobsen

24 Iwan Baan

25 A2arquitectos

26 Ricardo Oliveira Alves

27 Thomas Ibsen

28 Reversible Destiny Foundation

29 Turner Brooks Architect

30 Jan Glasmeier

31 Fernando Guerra FG+SG

DESPLEGABLES

BULGARI Abu Dhabi Art Pavilion
NANA

PDU (Portable Dining Unit)
Cesar Rubio, cortesía de EDG Interior Architecture + Design

Floatastic
Net Martin Studio, B. Lapolla & Mahdi Alibakhshian

Head in the Clouds
Chuck Choi

Drift Pavilion for Design Miami/2012
Markus Haugg

32 Marcus Buck

33 Lucerne Festival Ark Nova 2013

34 Hufton + Crow

35 Robert Polidori

36 Iwan Baan

37 Duccio Malagamba

38 Foto izquierda: Imre Solt, foto derecha: Torsten Seidel

39 Craft Arquitectos

40 Rafael Gamo

41 Marco Boella, cortesía de JDS Architects

42 Nikolaos Zachariadis y SPLITTERWERK

43 Timothy Hursley

44 Studio Guilherme Torres

45 Iwan Baan

46 Scagliola Brakkee

47 BIG - Bjarke Ingels Group

48 Nic Lehoux y Gunnar V. Andresson / Fréttabladið

49 Filip Dujardin

50 CC-BY Verd gris

51 Steve Hall, Hedrich Blessing

52 Leonardo Finotti

EN RUTA

GAS - cadena de gasolineras
Tomas Soucek

Estructura de parking para el Tyrolean Festival Erl
Günter Richard Wett

Fachada de parking para coches de varias plantas
Darko Hristov, cortesía de PPAG architects

Helios House
Eric Staudenmaier

Gasolinera + McDonald's
Giorgi Khmaladze

53 Benjamin Benschneider

54 Jan Kudej

55 Åke E:son Lindman

56 Johan Dehlin / 6A Architects

57 Vo Trong Nghia Architects

58 Obie Oberholzer

59 MVRDV y Living Architecture

60 Albert Večerka / Esto

61 Patrick Blanc

62 HWKN

63 Simon Devitt

64 Shigeru Ban

65 Brigida González

66 Michael Moran / OTTO

67 Albert Večerka / Esto

68 Crop Trust / Mari Tefre

69 The BIG Team

70 SHoP Architects

MINIMALISTAS

blob VB3
Frederik Vercruysse

House NA
Iwan Baan, cortesía de Sou Fujimoto

Boxhome
Sami Rintala

Vivienda Mamelodi POD
Architecture for a Change

Keret House
Fundación Polaca de Arte Moderno

Parasite Office
Za Bor Architects

71 Jeff Goldberg / Esto

72 Plus POOL

73 Hive City

74 Alex MacLean

75 Haas&Hahn

76 Pato Safko

77 Elizabeth Felicella, cortesía de Sharon Davis Design

78 Kéré Architecture

79 Dave Delnea Images

80 MIR

81 Archi-Tectonics

82 Wieland Gleich

83 Snøhetta

84 Iwan Baan

85 Ramon Prat

86 Renderizado de Kibum Park. Fotografía de Cameron Neilson.

87 Luc Boegly

88   Nemesi & Partners

89   DUS Architects

90   Barkow Photo

91   MIT Media Lab
Mediated Matter
Group

92   Brandon Shigeta

93   Mitchell Joachim,
Eric Tan, Oliver
Medvedik, Maria
Aiolova

94   Ordinary Ltd
(Magnus Larsson &
Alex Kaiser)

95   CC By Lynton Pepper

96   Luis Ros

97   Gramazio & Kohler y
Raffaello D`Andrea en
colaboración con ETH
Zurich

98   BROAD Group

99   C.F. Møller Architects
& Dinell Johansson

100 Roland Halbe

AGRADECIMIENTOS

Este libro no habría sido posible sin la magnífica colaboración de Jennifer Krichels, que conservó su sonrisa desde el edificio número 1 al que hace 100. Vaya un agradecimiento especial para Matthias Hollwich, y para los equipos de TED y de Architizer, sobre todo para Catherine Finsness, Siddharth Saxena y Luna Bernfest. Gracias a Chris Barley, el instructor de oratoria más paciente de este mundo; nada de esto habría sido posible sin tu respaldo. Gracias a los fotógrafos por captar las imágenes de estos edificios tan sorprendentes. Por último, gracias a los arquitectos y a sus clientes, por diseñar y construir un conjunto de edificios tan magníficos como éstos.

ACERCA DEL AUTOR

MARC KUSHNER es arquitecto, y divide su tiempo entre diseñar edificios para HWKN, la empresa de construcción de la que es cofundador, y reunir ejemplos de la arquitectura mundial en la página web que gestiona, Architizer.com. Ambos trabajos tienen el mismo objetivo: volver a conectar al público con la arquitectura.

Kushner está firmemente convencido de que la arquitectura apasiona a todo el mundo, y que todos son fans de la arquitectura, aunque muchos aún no lo sepan. Las nuevas formas de comunicación permiten al público conformar el entorno edificado, fomentando la construcción de mejores edificios que hacen que las ciudades también sean mejores, lo cual conducirá a la postre a un mundo mejor.

Marc Kushner fue uno de los oradores en la TED Conference de 2014. Su charla TED, que se puede consultar gratuitamente en TED.com, inspiró *El futuro de la arquitectura en 100 edificios.*

FOTO: JAMES DUNCAN DAVIDSON / TED

OTRAS CHARLAS SOBRE ESTE TEMA EN TED.COM

Michael Green: *Why We Should Build Wooden Skyscrapers*
go.ted.com/Green

¿Quieres un rascacielos? Olvídate del acero y del cemento, dice el arquitecto Michael Green, y constrúyelo de madera. Green explica que no sólo es posible, sino también necesario, construir edificios seguros de madera de hasta treinta plantas (y, según confía él, incluso de más)

Alastair Parvin: *Architecture for the People by the People*
go.ted.com/Parvin

¿Y si un ciudadano cualquiera pudiese diseñar y construir su propia casa? Ésta es la idea que plantea WikiHouse, un kit de construcción de fuente abierta con el que cualquiera puede construir una casa en cualquier lugar.

Thomas Heatherwick: *Building the Seed Cathedral*
go.ted.com/Heatherwick

Una muestra de cinco proyectos recientes basados en ingeniosos diseños inspirados por la biología. Algunos son reinvenciones de lo cotidiano (un autobús, un puente, una central eléctrica), y uno es un pabellón extraordinario, la Seed Cathedral, una celebración del crecimiento y la luz.

Bjarke Ingels: *Building With Nature*
go.ted.com/Ingels

El arquitecto danés Bjarke Ingels, mediante fotos y vídeos, nos cuenta anécdotas de sus impactantes diseños ecológicos. Sus edificios no sólo recuerdan a la naturaleza, sino que actúan como ella: bloquean el viento, captan energía solar y tienen un aspecto impresionante.

TED es una organización sin ánimo de lucro dedicada a la difusión de ideas, normalmente bajo la forma de charlas breves pero profundas (18 minutos o menos), pero también a través de libros, animación, programas de radio y eventos. TED nació en 1984 como una conferencia en la que convergían tecnología, ocio y diseño, y hoy día toca casi todos los campos, desde la ciencia a la empresa pasando por temas mundiales, en más de cien idiomas.

TED es una comunidad global, que da la bienvenida a personas de cualquier campo y cultura que quieren tener un conocimiento más profundo del mundo. Creemos apasionadamente en el poder que tienen las ideas para cambiar actitudes, vidas y, en última instancia, nuestro futuro. En TED.com construimos un almacén de conocimiento gratuito que ofrecen los pensadores más inspirados del mundo, y una comunidad de almas curiosas que pueden relacionarse unas con otras y con sus ideas. Nuestra principal conferencia anual reúne a líderes intelectuales de todos los campos para intercambiar ideas. Nuestro programa TEDx permite que comunidades de todo el mundo alberguen sus propios eventos locales, independientes, durante todo el año. Y nuestro Open Translation Project garantiza que estas ideas puedan superar fronteras.

De hecho, todo lo que hacemos, desde la TED Radio Tour hasta los proyectos nacidos del TED Prize, desde eventos TEDx hasta la serie de lecciones TED-ED, apunta a este objetivo: ¿cómo podemos difundir de la mejor manera las grandes ideas?

TED es propiedad de una organización sin ánimo de lucro y sin afiliación política.

Los libros TED son libros pequeños con ideas grandes. Son lo bastante cortos como para leerlos de una sentada, pero lo bastante largos como para profundizar en un tema. Esta amplia serie abarca temas que van desde la arquitectura hasta la empresa, el viaje por el espacio y el amor, y es perfecta para aquel que tenga una mente curiosa y el deseo expansivo de aprender.

Cada libro TED se relaciona con una charla, disponible *online* en TED.com. El libro continúa a partir de donde acaba la charla. Una conferencia de 18 minutos puede plantar una semilla o acicatear la imaginación, pero muchas crean la necesidad de profundizar, aprender más, contar una historia más larga. Los libros TED satisfacen esta necesidad.

TED ha concedido a Empresa Activa la licencia para español
de su serie de 12 libros en papel.

Estos libros, con un formato llamativo y original, no dejarán a nadie indiferente
por la variedad de autores y temática.

Por fin vas a poder profundizar y explorar en las ideas que proponen las TED Talks.

TED Books recoge lo que las TED Talks dejan fuera.

Pequeños libros,
grandes ideas
www.ted.com
www.empresaactiva.com